日本通史

津田左右吉・丸山眞男・網野善彦の地平を超えて

小路田泰直

かもがわ出版

はじめに

私に与えられた課題は「日本通史」を書くということであるが、それを書こうとする時、どうしても大きな障害となって立ちはだかるのが「津田史学」の壁である。一九一三年に『神代史の新しい研究』を上梓して以来津田左右吉が積み上げ、第二次世界大戦後は不動の定説の地位を獲得した、その独特の記紀（『古事記』『日本書紀』）解釈に基づく歴史学である。戦後歴史学を代表する歴史家の一人家永三郎が、その概要を次のように要約している。

記紀の記述中、神代から仲哀天皇の部分にいたるまでは、天皇の系譜をもふくめて、歴史的事実の記録と見るべき部分は全然なく、日本の民族または国家の起源についての客観的事実を知るための陳述史料として記紀は全然史料価値をもっていないこと、応神天皇以降の部分には、時代が下るにつれ、次第に史実の記録から出たものが多くなるが、それでも天武・持統紀三巻を除けば、史実でない記事、特に机上で造作されたもののすこぶる多いこと等を明らかにしたことである。[1]

要は、記紀の歴史史料としての価値をほぼ完全に否定しさったところに特色のある歴史学であった。多くの古代史家たちが、今なおこれに拘束されている。

だから日本古代史学は、記紀が叙述の対象とした時代、即ち古墳時代以前を、文献史学的に解き明かそうとはしない。七世紀末の天武・持統朝ぐらいから以降の歴史を以て古代史としている。古代とは、この国が、隋や唐から学んだ律令を以て国家統治の基本とした時代のこととの通念を作り出している。一時は、『日本書紀』に書かれてあるからという理由で、七世紀半ばに起きた大化改新までが、なかったことにされたこともある。

しかしこれは、世界の歴史を知る者にとっては、全く非常識な時代区分と言うしかない。隋や唐が生まれる前に、中国に秦や漢の時代があったことは、誰でも知っている。さらにはその前には春秋・戦国時代があった。ならば中国においては、春秋・戦国時代を経て秦や漢が生まれ、そして滅亡するまでを古代、漢滅亡後の混乱の中から隋や唐が生まれ、それが再び滅亡するまでを中世とするのがごく自然な時代区分になる。内藤湖南や宮崎市定が、一〇世紀に誕生する宋の時代以降を以て「近世」もしくは「近代」としたのは、その常識と結びついていた。しかしそうなると日本の古代は、中国の中世と対応してしまうのである。それはやはり非常識ということになる。

目を西欧に移すと、日本がようやく古代を迎えたとされる七世紀末から八世紀にかけては、ローマ帝国滅亡後の混乱（ゲルマンの大移動）を乗り越えて、さらにはイスラム教徒のヨーロッパ侵攻を食い止めて、フランク王国がようやく誕生した時代であった。ルネサンスまで続くヨーロッパ封建制の幕開けの時代であった。これまた中世と呼ぶにふさわしい時代であった。そうした時代に、ユーラシア大陸の東端に浮かぶ島国日本ではようやく古代が始まったというのは、これもまた不自然である。

確かに、世の中には、後進地域の歴史は、先進地域の歴史を何百年遅れで後追いすると考える歴史の見方もある。明治維新で誕生した近代天皇制を、一六世紀から一八世紀にかけてヨーロッパを支配した絶対王政と同一視する「天皇制絶対主義論」がかつて一世を風靡したことなどを考えると、日本ではむしろその方が受け入れられ易い考え方なのかもしれない。

しかし現代では、その考え方はもう通用しないように思える。二〇世紀を代表する経済人類学者カール・ポランニーは次のように述べている。

あらゆる発展において、より小規模の事例がより大規模のものに必ず先行すると仮定することは、単なる偏見にすぎない。歴史におけるそのような連関を前提するのは、生物進化の法則を無批判的に拡張する以上の何ものでもない。最も遠距離の交易は一般により短距離のものに先行したのであって、それはちょうど最も遠方の植民地が通常は最初につくられたのと同じである。巨大な帝国はより小規模の王国よりも歴史的に早く出現した。[2]

「遠距離の交易」は「より短距離のもの」に先行し、「巨大な帝国」は「小規模な王国」よりも早く現れる。「より小規模の事例がより大規模のものに必ず先行すると仮定することは、単なる偏見にすぎない」と。煎じ詰めれば、人の社会は、どのみち一つの巨大な共同体を成していると述べているのである。第一次大戦中、ポーランド人人類学者ブロニスワフ・マリノフスキーが、ニューギニア島東沖のトロブリアンド諸島で繰り広げられる、広大な水域を舞台としたクラと呼ばれる財貨の周期的な交換を発見して以来、多くの人類学者たちによって積み重ねられてきた歴史の見方である。[3]

この歴史の見方が正しいとすれば、世界の歴史は基本的に同じスピードで進む。世界中が中世に入った時に、日本だけが古代の入り口に立っていたというのは、やはり考えにくいのである。

しかし津田史学の呪縛がある以上、日本の古代史家に、七世紀末以前の歴史を文献史学的に——即ち歴史学的に——解明することは許されない。許されるのは、扱う文献が『古事記』『日本書紀』ではなく、『続日本紀』になって以降の解明だけだ。となると、いきおい七世紀末以降の歴史こそが古代史ということになるのは止むを得ない。しかしそうした歴史の捉え方をしていると、日本史の時代区分が抱える不自然さ、非常識さはなくならないのである。

ではその不自然さ、非常識さを取り除くのにはどうしたらいいのか。やはり津田史学の呪縛からまず解き放たれるしかない。そこで、ここでは「日本通史」を書くにあたり、まずはその津田史学の呪縛とは何かを考えるところから始める。

なお本書における神々の名の表記は、冒頭津田左右吉批判を行う関係で、津田の表記に概ね従った。

日本通史——津田左右吉・丸山眞男・網野善彦の地平を超えて●もくじ

はじめに　1
第一章　津田史学の超克――「記紀」の全否定を否定する　9
第一節　誕生の思考過程　10
第二節　「ヨミの国の物語」は不要か　14
第三節　白山信仰という補助線　22
第四節　生と死の物語　30
第五節　出雲神話　35
第六節　小括　38
第二章　国の始まり――「記紀」から真実を読み解く　41
第一節　二人のハックニシラススメラミコト　42
第二節　官僚の誕生　47
〈コラム1〉民族移動という視点　54
第三節　神と王の創出　57
第四節　聖徳太子への道　63
第三章　古代から中世への転轍――小国の集まりから官僚が支配する国家へ　69
第一節　大化改新とその後　70
第二節　大仏造立　75

〈コラム2〉平安京誕生の必然と平安京以降　79
第三節　最澄と空海　81
第四節　専制と共和　86
第五節　末法と武士の台頭　92
第六節　鎌倉幕府の成立　95

第四章　近世へ――官僚制の機能喪失、国家の統治能力の衰退と自治の登場　99
第一節　元寇　100
第二節　応仁の乱後　105
第三節　市民の誕生　111
第四節　信長・秀吉・家康　115
第五節　儒教の時代、そして鎖国　121

第五章　近代へ――公を体現し得る一人の絶対者の創出のために　127
第一節　人材登用論の課題　128
第二節　徂徠と宣長　131
第三節　水戸学と篤胤学　136
第四節　攘夷と開国　140
第五節　朝廷と天皇　143

第六章　近代日本の行方——主権者天皇の抱える自己矛盾の解消へ　147
第一節　主権と天皇　148
第二節　立憲政体という選択　153
第三節　立憲政体と政党の理想　157
第四節　天皇親政論の重圧　161
第五節　天皇機関説　164
第六節　戦争の日々　169

第七章　核と恒久平和——ポスト帝国主義時代の国家を模索して　173
第一節　天皇親政と「社会主義」　174
第二節　満州事変、そして世界最終戦　178
第三節　敗戦　184
第四節　平和主義の重み　190
〈コラム3〉戦後民主化と衰退する自治　191

むすびに　199

〈注記〉　212

第一章

津田史学の超克

「記紀」の全否定を否定する

第一節　誕生の思考過程

この国の近代は「王政復古」によって始まった。「古」に規範を求め、「古」に戻ることを建前に近代化が推進された。だから近代を準備する過程で、最も多くの努力が払われたのが、「古」の正しい姿の復元であった。本居宣長が『古事記』の注釈書『古事記伝』を書いたのも、そのためであった。

そして宣長は、『古事記』を、漢字で書かれてはいるが、漢字流入以前の日本の言葉や有り様を、できるだけ忠実に写しとろうとした書物だとして、聖典化した。そこに書かれていることを疑うべからざる真実にしたのである。

宣長が関わった有名な論争に、上田秋成――彼も国学者であり『雨月物語』の作者――との「日の神論争」という論争がある。『古事記』では、世界を照らす太陽（アマテラス）や月（ツクヨミ）は日本列島上で生まれたことになっていることを根拠に、日本を世界の最上位の国に位置付けようとした宣長に対して、秋成がその大国主義的誇大妄想を笑った論争である。秋成は列島上に生まれたアマテラスが照らしたのは、どこまでも日本列島内の社会であって世界ではないとした。一言で言えば、アマテラスと太陽（日の神）を切り離したのである。そもそもアマテラスが太陽なら日本列島上に生まれること自体がおかしなことなのだが、『古事記』にそう書かれているから正しいと断じるのが、宣長であった。

かかる記紀、とりわけ『古事記』への狂信が、「古」に戻れをスローガンに進められたこの国の近代化を支えたのである。だから久米邦武が「神道ハ祭天ノ古俗」と言ったとき、猛烈な批判が社会の側から湧き起こったのは当然のことであった。

しかし、明治が終わりを迎えた頃、その記紀への狂信を根底から覆す人物が現れた。それが津田左右吉であった。一九一三年に『神代史の新しい研究』を著し、記紀を、歴史書としては全く信の置けない、「神代史」の語りとしてはただ天皇が代々血でつながる存在であることを正当化しただけの、神話とも言い難い書として、その価値を徹底的に相対化したのである。そして記紀を聖典の座からひきずり下ろしたのである。当時としては驚天動地の主張であった。もし記紀に価値があるとすれば、それはその書き手たちの思想、八世紀の支配イデオロギーを知る手掛かりになる点だけだとまで言いきったのである。

では如何にして津田はこの記紀への絶対不信にたどり着いたのだろうか。思考のプロセスを眺めておくと、彼はまず次のように言い、記紀を読むときは「独断的臆見」を棄て、「ことばのまま文字のまゝに」「ありのまゝに」に読めと言う。

> 先づ何よりも本文を、其のことばのまま文字のまゝに、誠実に読み取ることが必要である。初めから一種の成心を以てそれに臨み、或る特殊の独断的臆見を以てそれを取り扱ふやうなことは、注意して避けねばならぬ。記者の思想は其のことば其の文字によつて写されてゐるのであるから、それをありのまゝに読まなければ、物語の真意義を知ることが出来ぬ。神が島を生まれたとあるならば、其の通りに見る外は無い。神が高天原に往つたり來たりせられたとあるならば、其のとほりに天に上つたり天から下りたりせられたことと思はなければならぬ。[4]

そして「ありのまゝに」読んだ結果として、記紀が「実際上の事実」によってではなく、「ただ未開人がさう思つてゐたといふ」「心理上の事実」に満たされた書物であることを発見する。

上代でも、草や木が物をいひ鳥や獣が人類を生む事実はあり得ない。たゞ未開人がさう思つてゐたといふことが事実である。だから我々は、さういふ話をきいてそこに実際上の事実を求めずして、心理上の事実を看取すべきである。[5]

「心理上の事実」が、荒唐無稽で不合理な「民間説話」[6]として多数混入してしまったのが記紀だとの発見であった。

となると、記紀の本来の姿を知ろうとすれば、記紀の叙述からその「民間説話」を「遊離分子」として取り除かなくてはならないということになる。

そして取り除いてみると、次の九つの骨子からなる記紀「神代史」の記述も「(一)(三)(四)(六)(七)、即ちイザナギ、イザナミ二神が国土を生み、次に日月二神とスサノヲとを生んだこと、日神が高天原に送り上げられた後、スサノヲがそこへ行つてあばれたので、日神の岩戸がくれといふ騒ぎが起つたこと、スサノヲが出雲に下り、オホナムチが其の血統に生まれたこと、其のオホナムチが国をゆづつたので、日孫の降下となつたこと、これだけになつてしま[7]」うことがわかった。

(一) 国土のまだできない前に神々が現はれたこと。
(二) イザナギ、イザナミ二神が大八洲を生むこと。

(三) 同じ神から、日月二神、及びスサノヲの命の生まれること、并びに日月二神が高天原へ上げられること(記と紀の「一書」とには、此の前に、イザナミが崩じてヨミの国にゆき、イザナギがそれを訪ねていつたこと、又たヨモツヒラ坂で二神の争ひのあつた物語がある)。
(四) スサノヲが高天原へ上つて行くこと、そこで日神と誓約して子を生むこと、并びに日神の岩戸がくれのこと。
(五) スサノヲが高天原を追はれて出雲に下り、簸の川上で、八頭蛇をきつて、クシイナダヒメと結婚すること。其の子孫がオホナムチであること。
(六) 日孫降臨について、オホナムチが国をゆづること(記と紀の「一書」とには、この前に、オホナムチがスクナヒコナと共に国土を経営する物語がある。又た、記にはオホナムチについて、兄弟の争ひ、スサノヲの女スセリヒメとの結婚、などの物語がある)。
(七) 日孫の高千穂降臨。
(八) ニ、ギの命とヤマツミの女の結婚、并びにホ、デミの命の生まれること(記と紀の「一書」とには、イハナガヒメについて咒詛の話がある)。
(九) ホ、デミの命兄弟の争ひ、并びにホ、デミの命がワダツミの宮に往つてトヨタマヒメと結婚したこと、ウガヤフキアヘズの命の生まれること。[8]

故に彼は、記紀「神代史」の本質は、「自然現象を神話として取り扱つたものでも無ければ、宗教的信仰を象徴的にいひ現はしたものでもなく、また、宇宙の開発、人類の創造といふやうな事物の起源を説明しようとしたものでも無[9]い、ただひたすら「皇室の由来を世に示さう[10]」、「国家に於ける皇室の位置を血族関係で説明しようとする[11]」ものに過ぎなかったとの結論に達した。それは、記紀は、「歴史」でも「神話」でもない、八世紀支配層が、血縁でつながる天皇統治の正当性を語るために思い描いた、政治的作文以外の何ものでもないとの評価であった。現代の記紀研究をリードする一人神野志隆光が「『古事記』『日本書紀』において、神話は、天皇の物語の一部であった。それは天皇神話というべきなのである。「古代神話」とか、「日本神話」とかいうのは正しくない[12]」と述べているのと、ほぼ同じ結論に達したのである。

そして「神代史」が政治的作文にすぎないとなれば、「上代史」も同様ということになり、先の家永三郎が要約した津田史学の全体像が生まれたのである。

第二節 「ヨミの国の物語」は不要か

そこで検討すべきは、上記九つの記紀「神代史」の骨子の内、次の七箇所を「民間説話」故に「遊離分子」として、「神代史の大綱[13]」から取り除いていいかどうかである。

一つは（三）にある「ヨミの国の物語[14]」。二つ目は（六）にある「オホナムチ兄弟の争ひの物語[15]」。三つ目は（八）にある「イハナガヒメの咒詛の話[16]」、四つ目は「スサノヲが出雲に下つたといふことと、オホナムチの祖先になつたといふこと[17]」を除いた（五）の物語、即ちスサノヲが「怪物を退治して、その犠牲とならうとした少女と結婚するといふ話[18]」。五つ目は（八）の「ニ、ギに関する物語[19]」。六つ目は（九）の

「ホ、デミ兄弟の争ひとワダツミの宮の物語」[20]、七つ目は、さすがに「民間説話」とは言わないまでも「遊離分子」であることは確かな、「神代史に於いて何のはたらきもしてゐない」[21]『古事記』冒頭に出てくる次の「国土のできない前に現はれた神々」[22]――但しイザナギ・イザナミ以前――の物語、即ち（一）の物語である。

天地初めて発けし時、高天の原に成れる神の名は、天之御中主神。次に高御産巣日神。次に神産巣日神。この三柱の神は、みな独神と成りまして、身を隠したまひき。

次に国稚く浮きし脂の如くして、海月なす漂へる時、葦牙の如く萌え騰る物によりて成れる神の名は、宇摩志阿斯訶備比古遅神。次に天之常立神。この二柱の神もまた、独神と成りまして、身を隠したまひき。

　上の件の五柱の神は、別天つ神。

次に成れる神の名は、国之常立神。次に豊雲野神。この二柱の神もまた、独神と成りまして、身を隠したまひき。

次に成れる神の名は、宇比地迩神、次に妹須比智迩神。次に角杙神、次に妹活杙神。次に意富斗能地神、次に妹大斗乃弁神。次に於母陀流神、次に妹阿夜訶志古泥神。次に伊邪那岐神。次に妹伊邪那美神。

　上の件の国之常立神以下、伊邪那美神以前を、并せて神世七代と称ふ。[23]

確かに、これら七つの物語を取り除いてしまえば、記紀は、「自然現象を神話として取り扱つたものでもなければ、宗教的信仰を象徴的にいひ現はしたものでもなく、また、宇宙の開発、人類の創造といふやうな事物の起源を説明しようとしたものでも無」い、ただひたすら「国家に於ける皇室の位置を血族関係で説明しようとする」ものに過ぎないとの津田の結論も、受け入れざるを得ないのかもしれない。

そこでまず問わなくてはならないのは、津田が最も熱心に「民間説話」「遊離分子」として「神代史の大綱」から取り除こうとした「ヨミの国の物語」、即ち「イザナミのヨミの国へ往つたこと、并びにイザナギがそれを訪ねていつた後、ヨモツヒラ坂で争ひのあつたこと、又た、筑紫の日向の橘の小門のみそぎなど[24]」の物語は本当に「神代史の大綱」から取り除いてしまっていいのかである。

イザナミが自らの生んだ火の神に焼き殺されてヨミの国に行き、それを追ってイザナギもヨミの国に行くが、死穢に塗れ、変わり果てた妻の姿を見て驚愕、命からがら地上に逃げ帰る。そしてヨミの国の出入口黄泉平坂で、追ってきたイザナミと対決した後、日向の橘の小門まで行き、禊をして自らについた死穢を祓い、そこでアマテラス・ツクヨミ・スサノヲの三貴子を生むという物語である。

ではこの物語を津田が荒唐無稽な「民間説話」、「神代史の大綱」とは無縁の「遊離分子」に過ぎないとみなした理由は何か。

一つは「記とそれに関係のあるらしい紀の「一書」とにあるのみで、紀の本文にも採られてゐず、其の他の「一書」にも見えてゐない[25]」からであった。『日本書紀』には本文以外に多くの「一書」からの引用が収録されていることは周知の事実であるが、そもそも津田は、『古事記』及び『日本書紀』の本文、プラスその多くの「一書」の叙述から、より正確な事実を見出す方法を、「多くの異説に共通の点のみをとつて、ちがった分子を取り除ける」[26]ことに求めていた。だからこの理由づけは、津田にとっては当然のことであった。

そしてもう一つは「其の話を採つてゐない紀の本文を読んでも前後の連絡には何の欠陥も無い」[27]からであった。あえてその物語を挿入しなくても、「国生み」の物語は成り立つとの理由からであった。

ちなみに「紀の本文」には次のように書かれていた。イザナギ・イザナミは「淡路洲」（淡路島）・「大日本豊秋津洲」（本州）・「伊予二名洲」（四国）・「筑紫洲」（九州）・「億岐洲」（隠岐島）・「佐渡洲」（佐渡島）[28]を生み、「次に海を生む。次に川を生む。次に山を生む。次に木の祖句句廼馳を生む。次に草の祖草野姫を生む。亦は野槌と名く」。そしてそこまで生んだ後に「吾已に大八洲国及び山川草木を生めり。何ぞ天下の主者を生まざらむ」と「共に議りて」、「日の神」（「大日孁貴」「天照大神」）「月の神」（「月読尊」）「素戔嗚尊」を生んだ。その上で「日の神」を、「吾が息多ありと雖も、未だ若此霊に異しき児有らず。久しく此の国に留めまつるべからず。自づから当に早に天に送りて、授くるに天上の事を以てすべし」との理由から天に押し上げ、「月の神」も「其の光彩しきこと、日に亜げり。以て日に配べて治すべし」との理由から、これまた天に押し上げ、「天下の主者」に相応しい居場所を与えた。ただ「素戔嗚尊」だけには、性格が残忍なのと、泣き叫び、世に多くの災いをもたらしたが故に「汝、甚だ無道し。以て宇宙の君臨たるべからず。固に当に遠く根国に適ね」と「根国」行きを命じた、[29]と。

確かに、「国生み」の物語は、これで完結しているように見える。あえてイザナミの黄泉の国行き以降の物語を挿入しなくても、それ自体は何の矛盾もなく自己完結している。

そして三つ目は、イザナミの黄泉の国行き以降の物語は、「国生み」はイザナギ・イザナミの性交を通じて行うべしとの「天神」の命と、明らかに矛盾していたからである。

津田は次のように述べている。

イザナミはイザナギと共に国土万物の父母である。其のイザナギが此の国の神としてとゞまつてゐるのに、イザナミのみがヨミに行かなければならぬ理由はどこにも無い。むしろ生産の神たるイザナミが死の国にゆくといふのが本来イザナミの国土生産といふ観念に矛盾してゐる。だから此の物語は、二神の国土生産の物語に、本来、附随してゐたものでは無からう。[30]

しかもそのような物語をあえて挿入するから、最後はアマテラス・ツクヨミ・スサノヲの三貴子を、イザナギが一人で（アマテラスは左目から、ツクヨミは右目から、スサノヲは鼻から）生むという、「尋常の生産で無いやう」なことまで想定しなくてはならなくなったと、次のようにも述べている。

記と、それに関係のあるらしい紀の「一書」とに、日月二神などの生産がイザナミのヨミ訪問の後になつてゐること、又た、それが尋常の生産で無いやうになつてゐることは、此の挿話をあみこんだが為めに生じた変形であつて、神代史の原形では紀の本文の如く、国土生産の後、直ぐに、二神から尋常に生まれたことになつてゐたのであらう。[31]

「ヨミの国の物語」の挿入のもたらした、物語の不自然さを指摘しているのである。

以上三つの理由により、津田は「ヨミの国の物語」を荒唐無稽な「民間説話」「遊離分子」と断じたのである。ではこれらの理由説明は的を射ているのだろうか。そこで注目すべきは、イザナミが死に、黄泉の国に行くという惨事が起きたからこそ生まれた神々の存在である。

火之迦具土神（火神軻遇突智）
金山毘古神（金山彦神）
金山毘売神（金山姫神）
波邇夜須毘古神（埴安彦神）
波邇夜須毘売神（埴安姫神・土神埴山姫）
泣澤女神
石折神（磐裂神）
根折神（根裂神）
石筒之男神
甕速日神
樋速日神
武御雷之男神（武甕槌神）
闇淤加美神（闇龗）
闇御津羽神（水神罔象女）

イザナミは自ら生んだ火の神（迦具土）に焼かれ殺されるが、喘ぐイザナミの吐瀉物や汚物から生まれたのが波邇夜須毘売神までの神々であり、妻を殺されて怒り狂ったイザナギが迦具土神を切り刻んだ結果、切った十握剣から滴り落ちる血から生まれたのが石折神以下の神々であった。さらに切り刻まれた迦具土の遺骸の各部（頭・胸・腹・陰部・左手・右手・左足・右足）からも、正鹿山津見神他の数多くの「山津見神」が生まれている。

一目瞭然これらの神々は、火と金属と土と水に深く関わり、岩を砕き、木の根を裂くことを生業とする人々の神であった。ということは、土木業に関わる神々であった。

ならば気づくのは、「国生み」には二つの「国生み」があったということである。一つは、『日本書紀』本文に描かれた、国土とそれを包む自然とを生む「国生み」である。通常我々は、津田同様これを「国生み」と考えている。

しかしそれだけではなかった。もう一つは、その生み出された国土に人が手を加え、国土の改造をするという「国

図1、行基図（鎌倉末から南北朝期にかけて成立した「捨芥抄」所収の図より）

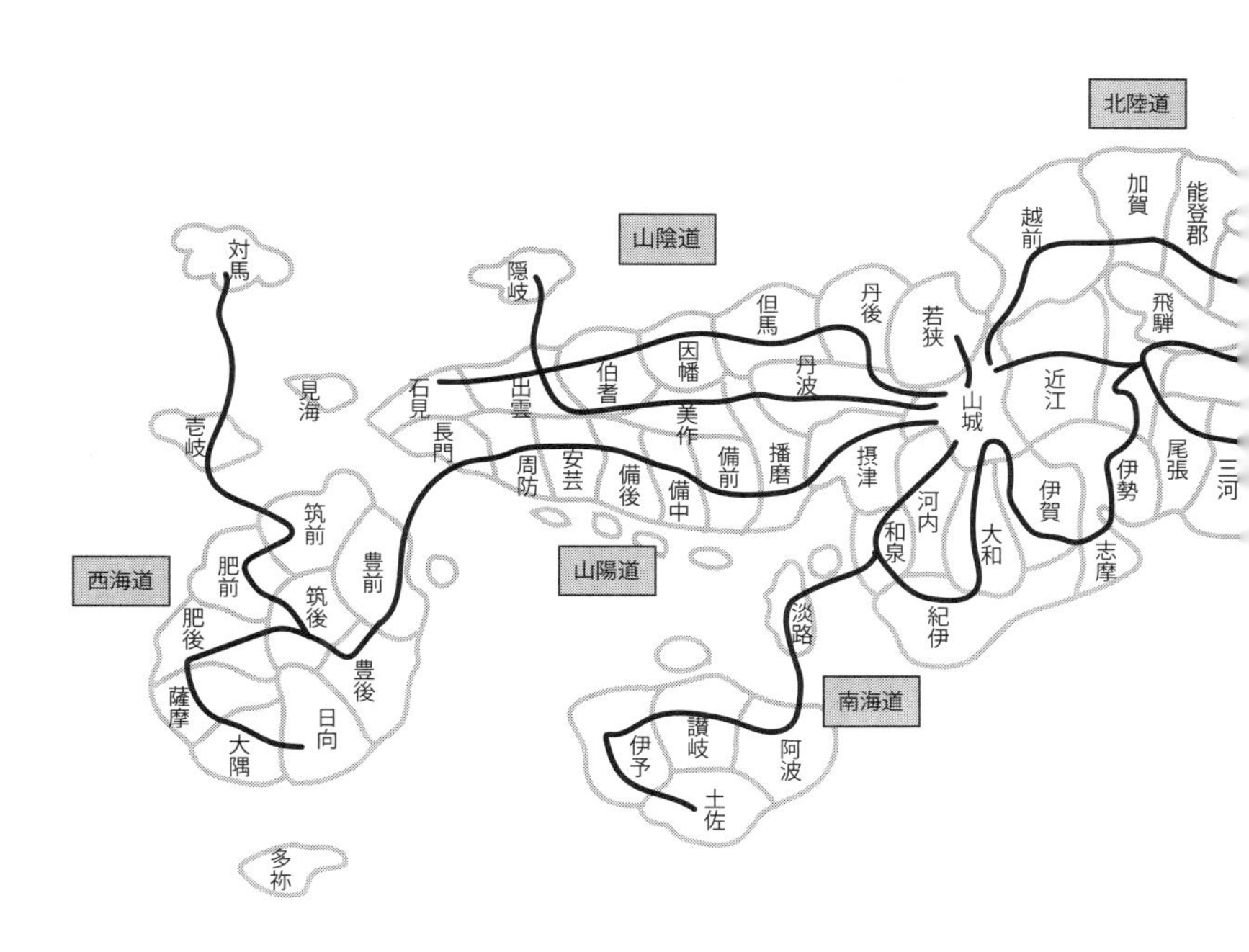

生み」であった。現代人に馴染みのある言葉で言えば、「日本列島改造」を意味する「国生み」であった。前者が第一の「国生み」だとすれば、後者は第二の「国生み」であった。

もし、「ヨミの国の物語」がなければ、この第二の「国生み」が「国生み」の物語から欠落してしまうのである。はたしてそれでも、「其の話（「ヨミの国の物語」）を採つてゐない紀の本文を読んでも前後の連絡には何の欠陥も無い」などと言い切れるのだろうか。私は言い切れないと思うのである。

そこで眺めておきたいのが、日本人の描く自画像（自己認識）である。それは伊能忠敬が一九世紀初めに「大日本沿海輿地全図」をつくりあげるまで、長く日本人の国土観を支えた行基図と呼ばれる日本地図である。定かではないが行基作と言い伝えられている。

この地図は日本という国について二つのことを物語っている。一つは、それが、単一不可分の国というよりは、小さな国々の集まり（封建国家）であるということである。日本全体が俵状の国々の集合体として描かれているのが、そのことを示している。

そしてもう一つは、そうではあっても日本という国が、中央にある都（平安京）と、そこからのびる七本の道（七道）と、その道に沿って設けられた国府や駅によって、一つに結び合わされていたということである。当然〈封建国家〉の状態が先行し、やがて〈統一国家〉の要素が大きくなる。歴史はそう進んだはずである。

ではその〈統一国家〉の要素が大きくなり始めるのは何時頃か。決定的な契機となったのはやはり六七二年に起きた壬申の乱であった。乱後、革命の勝者なればこその強大な権力を集中した天武天皇（大海人皇子）とその妻（後継者）持統天皇は、かつてなく巨大な都、藤原京の建設に取り掛かるが、それがその始まりであった。以後、平城・長岡京・平安京へと続く巨大首都建設の流れがそこから始まる。その時から、巨大な都と七本の道によって日本中を一つにまとめる〈統一国家〉づくりが本格化したのである。五畿七道の制度が最初につくられたのは天武天皇の時のことであった。

そして記紀が編纂されたのは、まさにその時代であった。太安万侶が天武天皇から『古事記』の編纂を命じられたのが始まりで、奈良時代になって『古事記』（七一二年）と『日本書紀』（七二〇年）が次々と編纂された。

だとすればその時代、記紀編纂者たちの直接の関心事は、やはり第一の「国生み」ではなく第二の「国生み」であったはずである。巨大な首都をつくり、そこから全国につながる道をつくる「国生み」は、まさに「日本列島改造」そのものだったからである。となると、第二の「国生み」が欠如したままで「国生み」の物語が完結するというのは、やはりあり得ないことであった。「ヨミの国の物語」の挿入は、その意味で必然だったということになる。津田が「ヨミの国の物語」を荒唐無稽な「民間説話」「遊離分子」と断じるに至った、第二の理由は成り立たないことになるのである。

しかも忘れてはならないのは、津田は、記紀を「八世紀支配層」の政治的作文と言い続けた人物であったということである。その津田が、「八世紀支配層」の最大の関心事であったはずの第二の「国生み」に一切の考慮を払っていないというのは、やはりナンセンスの極みと言うべきではないだろうか。

第三節　白山信仰という補助線

さて、ここで少し視線を転じて、記紀とほぼ同時代に誕生した白山信仰に目を向けてみたい。それについては、勝山市編『白山平泉寺』（吉川弘文館、二〇一七年）所収の論考「泰澄と白山開山伝承」において、東四柳史明が、簡潔に、次のようにその成立事情をまとめている。

越知山での修行を続ける泰澄のもとに、霊亀二年（七一六）、白山の女神が大空の紫雲の中からあらわれます。そのお告げによって、養老元年（七一七）、三六歳の時に泰澄は、母の所縁の地である白山の麓の伊野原（勝山市猪野）に移りました。次いで東の林泉に行くと、再び白山の女神があらわれました。女神は、「自分の本当の姿は伊弉冉尊で妙理大権現と号しており、白山の山の上に住んでいる。ぜひとも白山の山頂に登ってこないか」と促したといわれています。その林泉が現在の勝山市平泉寺白山神社境内の平清水（御手洗池）だとされています。

やがて白山に登った泰澄は、山上の緑碧池（翠ヶ池）のほとりで一心不乱に祈りました。すると、池の中から九頭竜王が出現します。泰澄は「白山の女神が九頭竜王であるはずがない、本当のお姿をお示しください」といったところ、九頭竜王は水中に沈み、そのあと光り輝く十一面観音があらわれました。[32]

泰澄という修行僧が、七一七年に「白山の女神」に誘われて白山山上に登り、そこで山上の緑碧池（翠ヶ池）に現れた九頭竜王＝白山妙理大菩薩＝十一面観音と出会い、それを祀ったのが始まりの信仰であった。なおこの泰澄開山の物語については、その元となった、平安時代の半ば（九五七年）に口伝が書写され成立した『泰澄和尚伝』に対し、史料的不信を言い立てる者が後をたたないようだが、

聖武天皇御在位の天平八年丙子の歳、和尚生年五十五也、入唐帰朝の求法の師玄昉和尚を尋ね遇て、将て来れり経論五千余巻、紐を解て披閲礼拝し、賛嘆す、特に授かるに、十一面教を以てす[33]

との、『続日本紀』のどこにも書かかれていない「十一面観音神呪教」を初めて日本にもたらしたのは玄昉だという事実を知らなければ、後世になって「『続日本紀』の記事に尾鰭背鰭をつけ」[34]るだけでは書きようのない記事の存在を根拠に、その史料的価値を高く評価する本郷真紹の意見に、私は従う。

まさに記紀編纂と同時代に生まれた信仰であり、その後この国に生まれる立山や富士山のような高山を霊山として仰ぐ信仰の嚆矢となった信仰であった。

ではなぜ記紀が編纂された奈良時代の初めに、かかる信仰が生まれたのだろうか。白山信仰の成立以前と以降の、白山に源流を発する一本の川の見え方を比較してみればわかる。白山に源を発し、福井平野を貫いて日本海に注ぐ九頭竜川は、白山信仰成立以前は、時として人々に災いをもたらす一匹の黒龍に例えられてきた。だから黒龍川と呼ばれた。それは流域に住む人々の視点から捉えた名であった。しかし白山信仰成立後は九頭竜川と名を変えた。同じ川を白山山上の視点で捉えるようになったのである。白山山上の翠ヶ池の辺りに立つと、九頭竜川も、そこから四方八方に流れ出す幾筋もの川（庄川・手取川・九頭竜川・長良川）の一本になる。故に、頭が九つ、胴体が一つの怪物（九頭竜王）がイメージされ、九頭竜川の名が生まれたのである。

人が社会を見るとき、社会の内側からそれを見るか、高所に立って、上からそれを俯瞰するかの違いが、白山信仰の成立の前と後の間で生まれたのである。社会の内側からみれば、直接的に見えるのはせいぜい小さな国単位の社会である。日本全体はその小さな国々の集まりにしか見えない。即ち〈封建国家〉に見える。しかし上から俯瞰すれば、日本全体――とりあえずは越前・加賀・能登・越中・美濃・尾張ぐらい

図 2、白山とそこから流れ出る庄川・手取川・九頭竜川・長良川

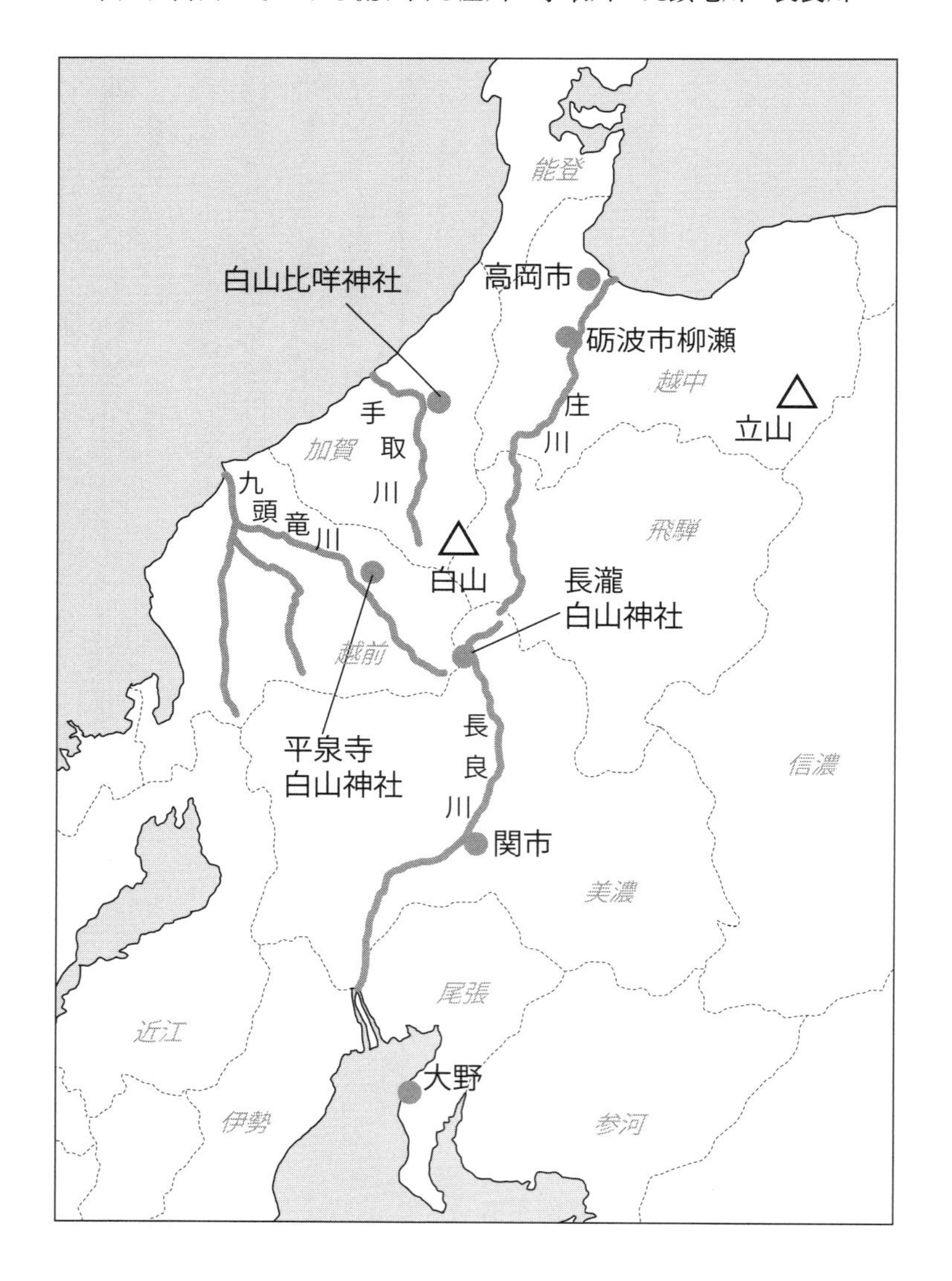

――が一つのまとまりをもった社会に見え、小さな国々はその部分に見える。〈統一国家〉がその姿を現す。七世紀末から八世紀にかけて、国家が水分信仰に傾倒していく理由がそこにあった。大和の周辺でも、吉野・宇陀・都祁・葛城の四方の水分社が次々と建てられた。天武天皇や持統天皇が吉野（宮滝）宮への行幸を繰り返したのも、元は青根ヶ峰山上にあったとされる吉野の水分社を遥拝するためだったとは、私の推測である。

社会を見るのに、この視点の転換が起きたとき、白山信仰が成立したのである。そしてその視点の転換を促したのは、巨大な首都と七つの道の建設を基軸にした社会インフラの整備であった。

だから、白山信仰を支えた人々もその多くが、治水・土木に深く関わる人々であったことが、同時に想像されるのである。白山信仰の中心といえば、白山登山道（「禅定道」）の起点となった手取川流域の白山比咩神社と、九頭竜川流域の白山平泉寺と、長良川流域の白山中宮長瀧寺があげられるが、その白山中宮長瀧寺の横にたつ白山文化博物館の集計（展示）によれば、現在存在する白山神社の数は、多い順から岐阜県五二五社、福井県四二一社、新潟県二三二社、愛知県二二〇社、石川県一五六社、富山県一〇六社となる。他に一〇〇社を超える都道府県はない。新潟県は例外として、やはり白山信仰の中心は、白山に源流を発する庄川・手取川・九頭竜川・長良川の流域に住む人々であったことがわかる。

そしてそれらの川の流域は、かつて治水の必要から、土木業とそれと関連する産業が高度に発達した地域だった。庄川流域の柳瀬（砺波市）というところや、長良川河口と接する知多半島大野（常滑市）には、中世以来「黒鍬」（「黒鍬者」「黒鍬衆」）と呼ばれる優れた土木技術集団が拠点を置き、この国の土木業を牽引した。織田信長や豊臣秀吉や徳川家康の天下統一を成功に導いたのも、彼らの力であった。攻城・防御施設の建設や、生産力拡充のための治水・灌漑（新田開発）に彼らは活躍した。江戸時代、近畿地方では、築堤や井戸掘りに活躍する人々を「尾張者」と呼んだが、それは知多半島大野地域からの出稼者をさした。また庄川流域の「黒鍬」は、近代に入るとゼネコン佐藤工業株式会社に引き継がれ、東海道新幹線の建設などでも活躍した。

そして「黒鍬」の伝統は、白山信仰の広がる背景を宝珍伸一郎が次のように述べていることからも連想されるように、その起源が白山に源を発する諸河川の治水の困難にあるとすれば、当然中世以前に遡る。

白山の信仰は、水を平野部に分け与えてくれる「水分りの神」の信仰であるといえます。白山に降り積もった雪は春になると解け、その水は大河となって下り、越前・加賀・美濃の平野を潤したことから、豊穣をもたらす神として信仰を集めました。また、一方で、洪水をもたらし、濁流となって平野部を襲ったことから、荒ぶる神としても恐れられました。白山から越前側に流れ出る大河は現在、九頭竜川と呼ばれていますが、これはまさに龍が川を下るような濁流からイメージされたとも言えるでしょう。[35]

では何時ぐらいまで遡るのか。男大迹王（継体天皇）による九頭竜川・足羽川・日野川の三川治水ぐらいまでは遡るのではないだろうか。その三川治水の功績があればこそ、彼は今に至るも越前国一宮足羽神社に祭神として祀られているのである。また武烈天皇亡き後、五〇七年、大伴金村らに乞われて「大王」に就任したのではないだろうか。樟葉宮（枚方市）で即位した後、大和（磐余玉穂宮）に入るまで、彼が筒城宮（京田辺市）・弟国宮（長岡京市）を転々とし、実に二〇年にわたって木津川・淀川流域にとどまったことをいぶかしがる意見もあるが、彼が治水の能力を買われて「大王」に就任したとすれば、そこには何の不思議もない。

そして思いを巡らすべきは、木津川・淀川水系の治水と開発は、古墳時代の終わり頃から約千年にわたりこの国の発展の礎を築いたということである。平城遷都（七一〇年）以降、東京遷都（一八六九年）に至るまで、実に一一五〇年にわたってこの国の中心は、淀川・木津川水系の周辺に存在し続けたのである。そのことに思いを巡らせる時、大伴金村らが継体天皇に「大王」就任を要請した理由が、その治水能力にあったとしても、何ら不思議ではないのである。

何れにしても白山信仰の成立は、巨大な首都と七つの道の建設を軸にした〈統一国家〉の形成と深く関わっていたのである。まさに第二の「国生み」と関わっていた。しかもイザナミの死をきっかけに始まる「ヨミの国の物語」とも深く関わっていた。信仰の対象とされたのは九頭竜王であり、その化身としての十一面観音であったが、神道的に言えばイザナギとイザナミと菊理姫（ククリヒメ）であった。しかも彼らの居場所白山山頂は死の世界と観念される場所であり、まさに「ヨミの国の物語」の舞台だったからである。記紀編纂とほぼ同時期の、白山信仰の成立という出来事を介して見たとき、「国生み」を描く記紀編纂者たちの視野に、第二の「国生み」が入っていなかったとは考え難い。そして第二の「国生み」は「ヨミの国の物語」と深く関わっていた。ならば「ヨミの国の物語」が単なる荒唐無稽な「民間説話」、「神代史の大綱」とは無縁の「遊離分子」だったとは、やはり考え難いのである。

第四節　生と死の物語

　それにしても、なぜ〈統一国家〉形成のためのインフラの整備が「ヨミの国の物語」と結びつかなくてはならなかったのか。そこで大事なことは、それが大規模になればなるほど、インフラの整備は困難を極めるということである。大化改新後、孝徳天皇は、改新政治の拠点を築こうとして難波長柄豊碕宮を建設、遷都したが、誰からも――盟友であったはずの中大兄皇子からも――見放され失敗に終わった。その後を継いだ斉明天皇も、現在の天理市から飛鳥に至る大運河の建設を志したが、「狂心渠」のレッテルを貼られ、それも失敗に終わった。聖徳太子は十七条憲法の中で、人は所詮は「凡夫」だと言い、「私」を抑え難い存在であることを喝破したが、巨大なインフラ整備は、その人の「私」と「私」の対立を極限にまで高めてしまうからであった。ではその困難を乗り越える方法は。そのインフラ整備に、誰しもが納得する公共的な目的を付与することであった。ではそのために必要なことは。

　そこで想起してほしいのは、崇神一〇年、崇神天皇が、「群卿」を前に次のように述べ、全国に四道将軍を派遣した時のことである。

> 民を導く本は、教化くるに在り。今、既に神祇を礼ひて、災害皆耗きぬ。然れども遠荒の人等、猶正朔を受けず。是未だ王化に習はざればか。其れ群卿を選びて、四方に遣して、朕が憲を知らしめよ[36]

その時彼は、「神祇を礼ひて」「災害」を収束に導いたことを以て、自らが「民」の「教化」にあたる正当性（公共性）の根拠としたのである。ではその「災害」とは何か。いうまでもなく、人口の半ばを失ったとされる、崇神五年の疫病の大流行であった。それを鎮めるのに、突然憑依した倭迹迹日百襲姫（やまとととびももそひめ）のお告げに従い、大物主神の子大田田根子を呼び寄せ、父大物主神を祀らせたというのが「神祇を礼ひて」行ったことの中身であった。この時、長く天皇家に受け継がれていく祖先祭祀という祭祀形態が確立した。

王のもつ公共性の根底にあるのは、人々が生死の境をさまよった時、全員ではないにしても、多くの人々を死の淵から救い出す、その力――〈祈る力〉・〈強いる力〉――にあったのである。インフラを整備するにしても、その力なくしてはできない。その力があることが、公共性の証明となったのである。崇神天皇は、疫病を克服したことによって自らへの宿りが確認されたその力を利用して、「池溝」の開鑿などのインフラ整備にもあたった。崇神六二年には次のように詔し、狭山池の築造にも取り組んだのである。

> 農（なりはひ）は天下の大きなる本なり。民（おほみたから）の恃（たの）みて生くる所なり。今、河内（かふちのくに）の狭山（さやま）の埴田（はにた）水少し。是を以て、其の国の百姓（おほみたから）、農の事に怠る。其れ多に（さは）池溝（うなね）を開（ほ）りて、民（たみ）の業（なりはひ）を寛（ひろ）めよ[37]

となると、七世紀末から八世紀にかけての〈統一国家〉形成のための巨大なインフラ整備の時代には、崇神天皇の時代以上に大きな、人を死の淵から救い、生かす力の誇示が、王権には求められた。故に、記紀編纂者たちが描いたのが、黄泉の国の出入口、黄泉平坂で繰り広げられた、イザナギとイザナミの次の対決だったのではなかったのだろうか。

千引の石をその黄泉比良坂に引き塞へて、その石を中に置きて、各対ひ立ちて、事戸を度す時、伊邪那美命言ひしく、「愛しき我が汝夫の命、かく為ば、汝の国の人草、一日に千頭絞り殺さむ。」といひき。ここに伊邪那岐命詔りたまひしく、「愛しき我が汝妹の命、汝然為ば、吾一日に千五百の産屋立てむ。」とのりたまひき。ここをもちて一日に必ず千人死に、一日に必ず千五百人生まるるなり。[38]

イザナミが一日に千人の人を殺すと言ったのに対して、イザナギが、ならば一日に千五百人の人を生ませてみせようと応えた。当然イザナギの末裔としての現王権を正当化するための物語であった。

しかしこの物語を描こうとすれば、予めイザナミは死んで、黄泉の国の王になっていなくてはならなかった。故に、巡り巡って、〈統一国家〉形成のためのインフラ整備を促進しようとすればイザナミのヨミの国行きの「物語」が必要となったのではないだろうか。やはり「神代史の大綱」にとって「ヨミの国の物語」は「民間説話」「遊離分子」として取り除くことのできない物語だったのである。

ただそう断言する前に、もう一つ答えておかなくてはならないことがある。それは「ヨミの国の物語」などを挿入したばかりに、「国生み」はイザナギ・イザナミの性交を通じて行うべしとの「天神」の定めた掟が損なわれ、果てはアマテラス・ツクヨミ・スサノヲの三貴子はイザナギが一人で生むという「尋常の生産で無いやう」なことまで想定しなくてはならなくなってしまったではないかとの問いにである。

確かにイザナミの死とそのヨミの国行きは、「国生み」はイザナギ・イザナミの性交を通じて行うべしとの「天神」の定めた掟と矛盾する。『日本書紀』の「一書」において、イザナミが、黄泉平坂での対決の場面で「吾、汝と已に国を生みてき。奈何ぞ更に生かむことを求めむ。吾は此の国に留りて、共に去ぬべからず」[39]と述べ、それを聞いてイザナギが「黄泉の国」を去るのを一瞬躊躇したのは、その現れであった。

ただ忘れてはならないのは、その同じ「一書」が、その矛盾の解消法も、同時に示していたということである。その場面に「菊理媛神」（ククリヒメ）が現れ、イザナギの耳元で何事かを囁いたのである。するとイザナギはたちどころに苦悩から解放され、ククリヒメを「善め」[40]、イザナミを離縁して、死の穢れを祓うべく「橘の小門」へと向かう。そしてそこで周知の如く、禊の後、目と鼻から三貴子を生む。そのククリヒメの囁いたことこそが、その矛盾の解消法であった。イザナミがいなければ「国生み」が続けられないと思い悩むイザナギが、その囁きを聞いた途端、苦悩から解放されたのである。

ではククリヒメは何を囁いたのか。その「一書」にも、また記紀の他のどの箇所にも書かれていない。しかし類推することは可能である。考えられることはただ一つ、今後は私（ククリヒメ）がイザナミの霊媒となると言ったのだ。霊媒となってイザナギとの性交を重ね、「国生み」を継続するといったのである。

そうだとすると、上記の矛盾は、矛盾でなくなる。イザナミのヨミの国行き以降のエピソードを挿入したとしても、「イザナミはイザナギと共に国土万物の父母である」という「国生み」の原則は、崩れなくなるからである。イザナミが死んでヨミの国に行ったことと、その後に生まれた三貴子にイザナミという母がいることとの間の矛盾も、矛盾ではなくなる。

しかも重要なことは、イザナミは現に、霊媒を通じて何度かこの世に姿を現しているということである。彼女にはその能力があったということである。

アマテラスがスサノヲの乱暴を怒り天岩戸に身を隠したとき、彼女を岩戸から引き出すべくアメノウズメ（天鈿女）が岩戸の前で、全裸で踊ったことはよく知られているが、その姿は「火処焼き、覆槽置せ」「顕神明之憑談（歌牟鵜可梨）[41]」した姿であった。そして『古事記』によれば、アマテラスが岩戸の隙間からそっと、自らが居ず光もない筈なのになぜ神々は楽しそうにしているのかと問うたところ、アメノウズメが「汝命に益して貴き神坐す。故、歓喜び咲ひ楽ぶぞ[42]」と答えたという。アメノウズメにはアマテラスよりも「貴き神」が憑依していたのである。ならばそれはイザナミしかいない。そして想起すべきは、イザナミは迦具土神に「火処」を焼かれて死んだということである。「火処焼き」踊るアメノウズメの姿は、まさにその「火処」を焼かれて死んだイザナミの姿であった。我が子アマテラスが天岩戸に隠れるという天下の一大事が起きた時、イザナミはアメノウズメを霊媒として、この世に姿を現したのである。そしてその一大事の解決に糸口を与えたのである。

　またそうなると、崇神天皇のとき、倭迹々日百襲姫に憑いて現れ、疫病対策の方法を伝え、武埴安彦の乱を予言したのも、イザナミではなかったのかと思えてくる。倭迹々日百襲姫という名も「火処」に由来しているし、その死に方も「火処」を箸で突いて死ぬというイザナミとやや共通した死に方をしているからである。また倭迹々日百襲姫は、しばしば『魏志倭人伝』に出てくる邪馬台国の女王卑弥呼に比定されるが、卑弥呼の得意技は「鬼道」に仕えよく衆を惑わすことであった。では「鬼道」とは。「神道」とは違う。神にではなく、死者（祖先）に仕える道のことであった。ということは、卑弥呼はよく言われるシャーマンというよりは、霊媒師に近い存在だったということになる。そしてその霊媒師として彼女がこの世に呼び寄せたのも、イザナミではなかったのかというのが、私の推量である。

そしてもしその推量が正しければ、霊媒は憑主に代わって性交を行うことができることになる。倭迹々日百襲姫は、人に人の子を生ませる能力を持った神、大物主神と婚姻を結んでいるからである。ならばククリヒメの囁きに関する私の仮説も、信憑性を増す。イザナミが死にヨミの国に去った後、イザナギはククリヒメに憑いたイザナミと性交を重ね、「国生み」を続けたのである。

何れにしても、「ヨミの国の物語」と「イザナミはイザナギと共に国土万物の父母である」という「国生み」の原則とが二律背反に陥るのではないかとの津田の指摘も、実は当たっていなかったのである。

なお付け加えておけば、第二の「国生み」を描く上で「ヨミの国の物語」が必須であり、「ヨミの国の物語」を描く以上は、それと「イザナミはイザナギと共に国土万物の父母である」という「国生み」の原則との矛盾を解消すべく、ククリヒメの存在に言及せざるを得なかったとすれば、「国生み」神話を構築するのに絶対欠かせなかったのが、やはり白山信仰だったということになる。先にも述べたようにそれは、山上の視点から社会を俯瞰する、第二の「国生み」と如何にも親和的な信仰であっただけでなく、「国生み」の神としてイザナギ・イザナミと合わせてククリヒメをも祀る信仰だったからである。

第五節　出雲神話

ヨミの国の王イザナミが一日に人を千人殺すと言ったのに対して、ならば一日に千五百人生ませてみせようと応えたとき、イザナギは初めてこの世の王としての正当性（公共性）を得た。但し、一場（黄泉平坂）

の対決でイザナミに対して優位に立っただけでは、子々孫々につながるその正当性の保証としては弱かった。

その保証を強めるためには、イザナギの子孫のヨミの国の王に対する優位性を構造化し、永続化させなくてはならなかった。ではそのために求められたことは。まずは、イザナギの子の誰かが、黄泉の国に行き、そこを征服することであった。その役割を担ったのが、海原を統治せよというイザナギの命に背いて、「妣(はは)の国根の堅州国に罷らむ」[43]と言って黄泉の国に向かったスサノヲであった。スサノヲが「怪物を退治して、その犠牲にならうとした少女と結婚するといふ話」などは、津田にとっては荒唐無稽な「民間説話」の典型のように語られているが、それは違う。『古事記』によればその「怪物」即ち八岐（俣）大蛇は、「高志」からやってきたことになっている。「高志」とは「越」、すなわち後に越前・加賀・能登・越中・越後に分かれる北陸一帯の国のことである。そこに生息する八岐大蛇と言えば、言うまでもなく「死の世界」白山山頂に棲息する九頭竜王のことであった。「ヤマタ」の「マタ」が、八つの「頭」ではなく、八つの「叉」であれば、八岐大蛇と九頭龍王は形状が完全に一致する。だとすればそれはククリヒメであり、イザナミの化身であった。スサノヲによる八岐大蛇退治の物語は、ヨミの国の王の座を、イザナミからスサノヲが奪いとった物語として解釈すべきなのである。スサノヲがヨミの国を征服したのである。そしてそこを「根の堅州国」と呼ばれる新しい国にした。

そして次には、その「根の堅州国」と結びつきの深い誰かが、この世に立ち戻り、その王になることであった。何度も死んで「根の堅州国」とこの世を行ったり来たりしながら、スサノヲに鍛えられ、スサノヲから次の励ましを受けてこの世の王、即ち「大国主神」になった、スサノヲの子（または末裔）オホナムチがその役割を引き受けた。

> その汝(いまし)が持てる生大刀(いくたち)・生弓矢(いくゆみや)をもちて、汝が庶兄弟(ままあにおと)をば、坂の御尾(みを)に追ひ伏せ、また河の瀬に追ひ撥(はら)ひて、おれ大国主神となり、また宇都志国玉神となりて、その我が女(むすめ)須世理毘売を嫡妻(むかひめ)として、宇迦の山の山本に、底(そこ)つ石根(いはね)に宮柱(みやばしら)ふとしり、高天の原に氷椽(ひぎ)たかしりて居れ。この奴。[44]

となると「根の堅州国」は「死者の国」ではあっても、すでにこの世の王を支える国――だから「根の堅州国」なのである――なのだから、その王が、一日に千人もの人を殺すなどといった乱暴なことは、最早しない。その支えは、むしろ、「生∨死」の不等関係を保証し、この世の国の王――その初代は大国主――の公共性を保証する力となったのである。

だからアマテラスの子孫が、高天原から降臨して大国主にとって代わろうとした時も、制服するのではなく、大国主からの「国譲り」を受けなくてはならなかったのである。大国主が帯びている公共的な力を受け継がない限り、この世の王にはなれないからであった。この世の王の公共性は、「根の堅州国」の王によって保証されるという「構造」が、既に出来上がっていたからであった。

そしてその「構造」の生成を描いたのが出雲神話であった。だから出雲神話が荒唐無稽な「民間説話」であったり、「神代史の骨子」とは無縁な「遊離分子」であったりする筈がなかったのである。

なお付け加えておくと、その「構造」があったればこそ、大国主からの「国譲り」を受けてこの世の王になったアマテラスの子孫たちは、その後も「死者の国」からの支援を受け続けたのである。但し「根の堅洲国」は、いつしか「常世の国」と名前を変え、所在も、地下から海上彼方に移ってはいたのだが。

高天原から降臨したニニギの子火遠理命＝山幸彦（『日本書紀』ではヒコホホデミノミコト）は、火照命＝海幸彦との争いに勝ち残るために、海神（わたつみの）神の支援を得べく、その娘――正体はワニの――豊玉姫と結婚して、ウガヤフキアヘズノミコトを生んだ。そしてウガヤフキアヘズは、豊玉姫の妹――従ってこちらもワニの――玉依姫と結婚して、五瀬命（いつせの）、稲氷命（いなひの）、御毛沼命（みけぬの）・カムヤマトイハレヒコノミコト（神武天皇）の四人を生んだ。最後にウガヤフキアヘズの子カムヤマトイハレヒコは、日向をたって大和に向かう（神武東征）にあたって、「常世の国」使者塩土老翁（塩釜神社の祭神）の導きを得た。ちなみに稲氷命は「常世の国」に旅立ち、御毛沼命は母の国海原に去った。

なお最後にもう一つだけ付け加えておくと、王の帯びる公共的な力が増すにつれて、水分の信仰を支える山上の視点も、どんどんと高くなっていった。見渡す視野が広がっていった。白山からやがて戸隠に移り、高天原に至った。

第六節　小括

さて繰り返しの叙述になるが、はじめに戻ろう。

（一）国土のまだできない前に神々が現はれたこと。

（二）イザナギ、イザナミ二神が大八洲を生むこと。
（三）同じ神から、日月二神、及びスサノヲの命の生まれること、并びに日月二神が高天原へ上げられること（記と紀の「一書」とには、此の前に、イザナミが崩じてヨミの国にゆき、イザナギがそれを訪ねていつたこと、又たヨモツヒラ坂で二神の争ひのあつた物語がある）。
（四）スサノヲが高天原へ上つて行くこと、そこで日神と誓約して子を生むこと、并びに日神の岩戸がくれのこと。
（五）スサノヲが高天原を追はれて出雲に下り、簸の川上で、八頭蛇をきつて、クシイナダヒメと結婚すること。其の子孫がオホナムチであること。
（六）日孫降臨について、オホナムチが国をゆづること（記と紀の「一書」とには、この前に、オホナムチがスクナヒコナと共に国土を経営する物語がある。又た、記にはオホナムチについて、兄弟の争ひ、スサノヲの女スセリヒメとの結婚、などの物語がある）。
（七）日孫の高千穂降臨。
（八）ニ、ギの命とヤマツミの女の結婚、并びにホ、デミの命の生まれること（記と紀の「一書」とには、イハナガヒメについて咒詛の話がある）。
（九）ホ、デミの命兄弟の争ひ、并びにホ、デミの命がワダツミの宮に往つてトヨタマヒメと結婚したこと、ウガヤフキアヘズの命の生まれること。

この九つの部分からなる記紀神代史には、次の七つの、取り除くべき荒唐無稽な「民間説話」「遊離分子」

が混入していると言うのが、津田の記紀批判の原点であった。

一つは（三）にある「ヨミの国の物語」。二つ目は（六）にある「オホナムチ兄弟の争ひの物語」。三つ目は（八）にある「イハナガヒメの兇詛の話」、四つ目は「スサノヲが出雲に下つたといふことと、オホナムチの祖先になつたといふこと」を除いた（五）の物語、即ちスサノヲが「怪物を退治して、その犠牲にならうとした少女と結婚するといふ話」。五つ目は（八）の「ニ、ギに関する物語」。六つ目は（九）の「ホ、デミ兄弟の争ひとワダツミの宮の物語」、七つ目は、さすがに「民間説話」とは言わないまでも「遊離分子」であることは確かな、「神代史に於いて何のはたらきもしてゐない」『古事記』冒頭に次の「国土のできない前に現はれた神々」――但しイザナギ・イザナミ以前――の物語、即ち（一）の物語、この八つである。

しかしこの八つの物語――ここでは紙幅の関係上、全てには言及してはいないが――の中には、確かに神話特有の荒唐無稽さはあっても、「神代史の骨子」を描く上で不要な物語など、何一つなかったのである。故に津田の記紀批判は成り立たない。これがここでの結論である。第二の「国生み」への関心の欠如が、全ての誤解の原因であった。

ならば「日本通史」を描くにあたって、記紀に依ってはならないと言う〈津田の掟〉に従う必要はない。記紀もまた重要な歴史史料だとして、それを描けばいいのである。それが本書の立場になる。

第二章

国の始まり

「記紀」から真実を読み解く

第一節　二人のハツクニシラススメラミコト

記紀に歴史書としての価値を全く認めようとしない津田のような読み方を捨て、普通にそれを歴史書として読めば、この国の始まりはどう見えてくるのだろうか。

紀元前七世紀に日向を発ち大和に向かったとされる神武天皇の認識に従えば、それ以前にこの国には、一七九万二千四百七〇余年の歴史があった。アマテラスの孫ニニギが、九州の南端の日向の地に降り立ち、人々の「草昧」を啓き、「正」(ただしき)[45]（文明生活）に導き始めてからの年数である。国家形成の序曲が始まってからの年数と考えて良い。

確かに一七九万二千四百七〇余年は長すぎる。しかし、記紀の編纂者たちがこの国の建国の歴史を描こうとするとき、少なくとも縄文時代ぐらいまでは遡らなくてはならないと考えていたことがわかる。神武東征が紀元前七・六世紀ごろの出来事だったとすれば、それから一七九万二千四百七〇余年前というのは、優に約一万年続いた縄文時代を飛び越えてしまうからである。

そして記紀をおおよそ信ずれば、多少の時間の前後はあるかもしれないが、紀元前七世紀ごろ、神武東征という出来事は起きたのである。

この神武東征という出来事については、津田史学が支配的であった第二次世界大戦後の歴史学（戦後歴史学）においては、長くあり得ないこととされてきた。紀元前四・三世紀ごろに弥生時代が始まったとする従前の時代区分に従えば、それは縄文時代の出来事ということになるからであった。さすがに稲作も始まっていない縄文時代に国家形成はないだろうというのが、一般の常識だったからである。しかし最近注目をあびるようになった炭素一四（C14）同位体元素を用いた年代測定法などによると、水田稲作が九州で始まったのは紀元前一〇世紀ごろ、それが畿内にまで伝わったのは紀元前七・六世紀ごろということになり、弥生時代の始期が大幅に遡ることとなった。[46] 神武東征があったとされる時期が、弥生時代の始期と重なってしまったのである。それをあり得なかったとし続けることの方が、困難になり始めている。

しかも注目すべきは、考古学者北條芳隆の研究[47]である。大和盆地の真ん中に唐古・鍵遺跡という規模の大きな弥生の環濠集落遺跡があるが、この遺跡の最大の特徴は、縄文時代の終わり、すなわち弥生時代の初めから、弥生時代の終わり、すなわち古墳時代の初めまで、一度も途絶えることなく続いたことにある。しかも盆地の中心という、常に洪水の危険に晒され続ける地でありながら、である。人々は、何度も洪水に見舞われながら、一度もこの地を棄てようとしなかったことになる。ではその人々の強いこの地への執着は、何によってもたらされたのか。この地が、盆地の東に連なる山並みを使って月日の運行を測る、暦の観測点だったからだと、北條は言う。この地の中心建物から見て、太陽が三輪山の山頂から昇れば冬至、高橋山(石上神宮の裏山)の山頂から昇れば夏至、そして竜王山の第二峰から昇れば春・秋分といった具合に、である。そしてそうした周囲の山並みを利用した暦の観測法は、水田稲作の伝播とともに、北部九州からもたらされたものとのことである。もしこの説が正しければ、暦を司るのは王の役割である。稲作文化の伝播が王の移動を伴った可能性は、格段に高まる。神武東征に比定しうる出来事の真実性が高まるのである。

では神武建国は、もしあったとすれば、如何なる建国だったのか。そこで重要なことは、彼が大和侵攻後に行った二つのことである。

図3、日時計都市「唐古・鍵遺」からの景観

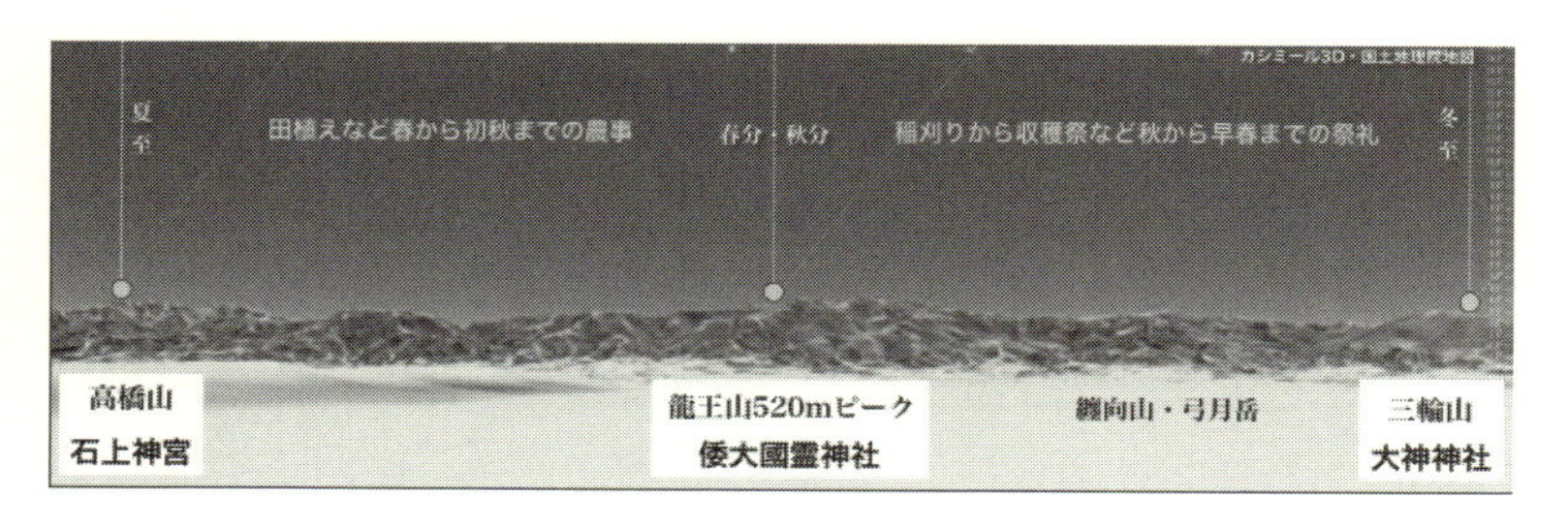

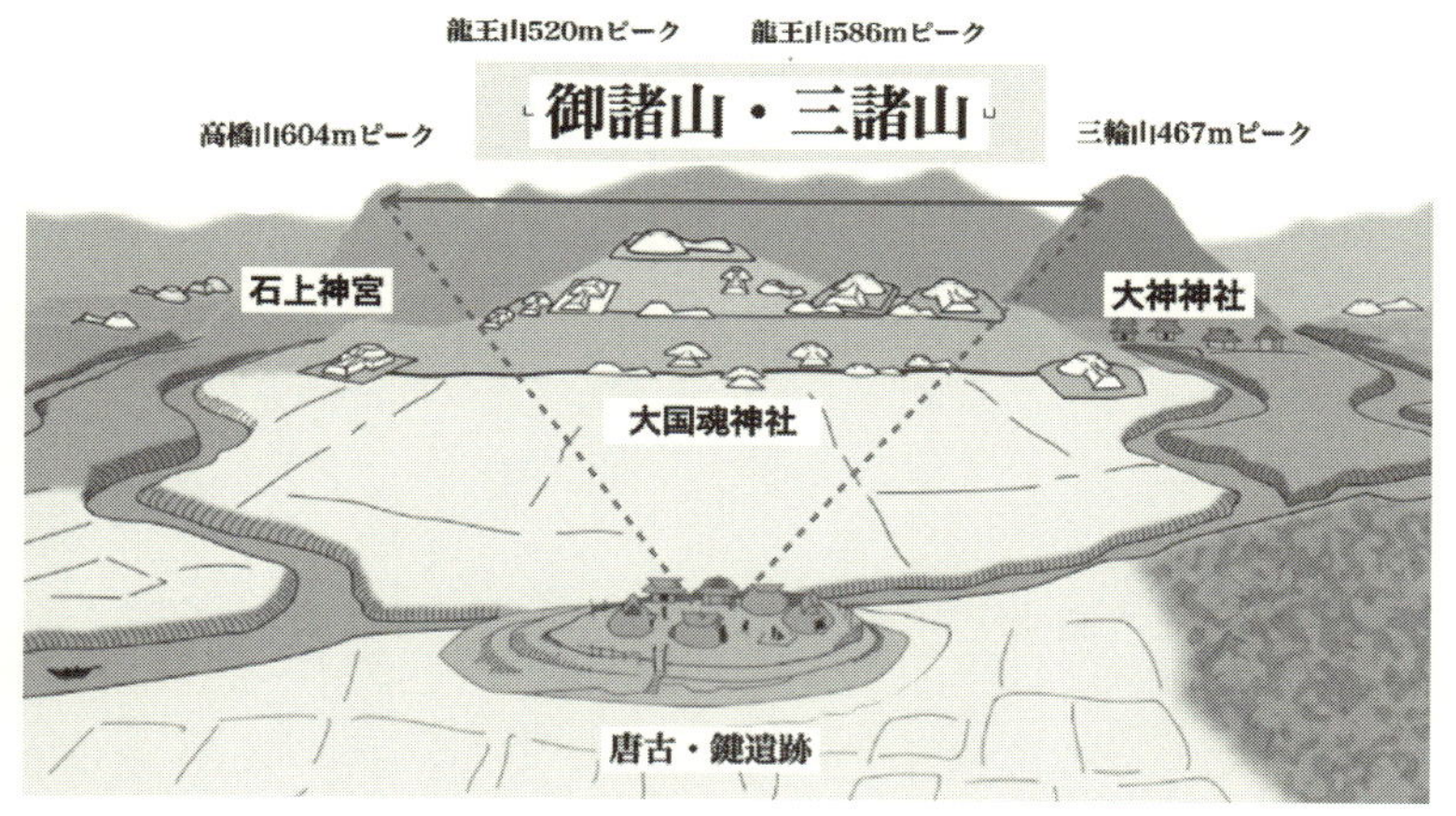

奈良盆地のほぼ中央部、奈良県田原本町にある唐古・鍵遺跡が、弥生時代の初めから終わりまで途絶えることなく続いた弥生時代を代表する環濠集落であることはよく知られているが、そこがまさか太陽観察を通じて、一年の暦を測る、日時計の中心（都市）だったとは北條芳隆に指摘されるまで、誰も気づかなかった。だから盆地の真ん中という、最も洪水の被害を受けやすいところにありながら、一度も放棄されることなく存在し続けたのである。何度も、何度も修復されたのだろう。幾重にも取り囲む水濠は、洪水の被害から都市を守るためのものだったと考えられる。だとすればそこには「王権」と呼べるものがあったことになる。なぜならば時間の管理は王の役割だからである。弥生時代の初め、大和には、それがどの程度の広がりを持った国家であったかは別として、既に国家が存在したことがわかる。

一つは、人々の定住化が進む中で生まれた「邑に君有り、村に長有りて、各自彊を分ちて、用て相凌ぐ」[48]状態の克服という、東征本来の目的を遂行するのに、「邑の君」や「村の長」の自立性を決して奪わなかったことである。ニニギ以前に高天原から降臨してきたニギハヤヒ（饒速日）を「天神の子」だと信じて、ニギハヤヒに仕えてきたナガスネヒコ（長髄彦）に対して、神武は「天神の子亦多にあり」[49]と述べ、ニギハヤヒもまた自らと同じ「天神の子」であることを認めたのである。「天神の子」としての権威を決して独占しようとはしなかったのである。だから、さすがに生駒山山麓の戦いで一度は自らを破ったナガスネヒコは殺すしかなかったが、ニギハヤヒは助命した。物部氏の祖である。

そして今一つは、自分自身は、出身の「邑」「村」社会――郷党社会――から身を切り離し、極力それらを超越した存在になろうしたことであった。兄五瀬命は戦闘の最中に喪い、日向時代に吾平津媛との間にもうけた子手研耳命は、大和で生まれた息子、綏靖天皇に殺されるに任せた。そして自らは、『日本書紀』では事代主神が、『古事記』では大物主神が、畿内の豪族三嶋溝咋の娘に生ませた媛蹈鞴五十鈴媛命を「正妃」に迎え、それをきっかけに始馭天下之天皇を名乗った。最強の「邑」「村」の長として国を統治しようとしたのではなく、出身の「邑」「村」からも離れ、全ての「邑」「村」を超越した存在として国を統治しようとしたのである。

だから彼にとって重要だったのは、「六合の中心」に「就きて都つくらざらむ」[50]こと、さらには「八紘を掩ひて宇にせむ」ために、「巣に棲み穴に住」む人々の生活とは隔絶した「宮室」を「山林を披き払ひ」[51]てつくり、その超越性を可視化させることだったのである。外来王・征服王であることもその超越性を保証した。

ではそうしたことを行った結果作り上げた国は、どのような国だったのか。一人の超越的な王の下に、放置すればそれぞれ「君」「長」をたてて「疆を分ちて、用て相凌」ぐ小さな国々を和解させ、〈封建国家〉として統合する国であった。まさに『漢書地理誌』が指摘する、百余国が集まって一つの倭という国を形作っていた国、それであった。

ただ記紀の記述で興味深いのは、神武天皇以外にもう一人ハツクニシラススメラミコトがいたということであった。『日本書紀』では「御肇国天皇」と書かれ、『古事記』では「初国知らし御眞木天皇」と書かれた、第一〇代崇神天皇のことである。ということは、「八世紀支配層」の認識においては、この国の建国は二度あったということになる。では二番目の建国、崇神建国とは、如何なる建国だったのか。

そこでとりあえずは、崇神の治績を見てみよう。即位後彼は二つの難敵と戦った。一つは、人口の半分を死に追いやったとされる疫病の大流行であり、今一つは、それをきっかけに山背・河内・大和を舞台に起きた、武埴安彦の反乱であった。

そして悪戦苦闘、ようやくそれらを乗り切った時、今度は全国に四人の将軍（四道将軍）を派遣し、武力を背景に、国全体に「長幼」の道徳と、「課役」への理解を押し及ぼそうと、人民「教化」に乗り出した。そしてそれが一応の成功をおさめた時、この国最初の租税制度、「調」の制度を定めた[52]。さらには晩年次のように述べ、農本主義を以て国是とした。

> 農（なりはひ）は天下の大きなる本なり。民（おほみたから）の恃（たの）みて生くる所なり。今、河内（かふちのくに）の狭山（さやま）の埴田（はにた）水少し。是を以て、其の国の百姓（おほみたから）、農の事に怠る。其れ多（さは）に池溝（うなね）を開（ほ）りて、民（たみ）の業（なりはひ）を寛（ひろ）めよ[53]

ではこれらの治績の内、何がハックニシラススメラミコトを名乗るほどの功績だったのか。言うまでもなく「調」の制度を整えたことであった。その時初めて彼はハックニシラススメラミコトを名乗った。「調」の制度を整えたことの歴史的意義は何か。「調」は役人——「○人」や「部」や「伴」と呼ばれた人——への給与の支払いに充てるための税である。初めて本格的な官僚制の形成に着手したこと、それがその歴史的意義であった。「邑の君」や「村の長」が、お互いの平和を保ちながら、ただ集まっただけの国家から、その中枢が官僚制によって効率的に管理される国家への移行、それが崇神天皇の時に成し遂げられた第二の建国だったのである。

第二節　官僚の誕生

ただ官僚制の形成は、「調」の制度を整えればそれで達成されるというほど、簡単なことではなかった。そこでしばらく、人類最古の歴史書『聖書』を題材に、人類史の中での官僚制の形成過程を見ておこう。当然物語の始まりは、人とは何かである。『聖書』によれば、「善悪を知る木[54]」から実をとって食べてはならないと神に命ぜられ、その言いつけを破った廉でエデンの園を追われたのが人であった。善悪を知るとは、何をなすべきか、何をなさざるべきかを知るということである。自ら、自らの行いを決することのできない存在、逆に言えば、何時如何なる時も他者に依存し、他者に隷属することを余儀なくされる存在、それが人なのである。そしてその人の本性が、アダムとエバの最初の子カインの行いとなって現れた時、分業が生まれたのである。

カインは神に愛される弟アベルに嫉妬し、ついにアベルを殺してしまう。当然神は怒りカインに次のように言った。「口を開けて、あなたの手から弟の血を受け取った大地によって、いまや、あなたは呪われる。あなたが大地に仕えても、もはや大地はあなたに産物をもたらさない。あなたは地上でさまよいさすらう者となる」[55]と。大地の「産物」を採って生きてはならないと命じたのである。当然カインは、ならば死ぬしかないと思った。しかし神は続けて次のようにも言ったのである。「カインを殺害する者は誰でも七倍の復讐を受けることにしよう」[56]、死ぬなかれと。

では大地の「産物」を採って生きることを禁じられ、かつ死ぬことも禁じられたカインはどうなったのか。「さまよいさすらう者」、即ち物乞いをして生きる者（乞食）になるしかなかった。カインとその末裔において、他者依存は、生きるための基本である食の獲得（捕食）の他者依存となって現れたのである。

しかしその結果は革命的であった。捕食という最も労苦に満ちた行為を自ら行わなくてもよくなったのである。カインとその末裔は、ありあまる時間と、体重に比して大きな大脳と、二足歩行が解き放った手を使って、一人一人がその個性に従って才能を自由自在に発展させ、やがて様々な職能を生み出していった。『聖書』はその有様を次のように述べている。

レメク（カインの子エノクの子イラドの子メフヤエルの子メトシャエルの子）は二人の妻をめとった。一人の名前はアダ、もう一人の名前はツィラである。アダはヤバルを生んだ。彼は、家畜をもって天幕に住む者の父祖となった。彼の弟の名前はユバルであって、こちらは竪琴と笛を奏する者すべての父祖となった。ツィラもまたトバル・カインを生んだ。鍛冶である彼は青銅と鉄を扱う者すべて〔の父祖〕である。[57]

牧畜を生み、芸術を生み、鍛冶や鋳物師を生み、分業を生んだのである。まさに文明を生んだのである。しかし、そこで重要なことは、カインとその末裔が、捕食という行為から離れ、自由にその才能を伸ばすことのできた背景には、自らの食い分に加えて、彼らの食い分をも大地から獲得し、彼らに施しを与え続けた者たちがいたということである。言うまでもなく、やがて大洪水を生きのびるノアの父レメクたちである。ノアが生まれた時レメクは「この者は、ヤハウェが大地を呪われたゆえに〔果たさねばならない〕われらの仕事と手の労苦から〔われらを解き放ち〕、われらを慰めてくれるだろう」[58]と予言しているが、この予言は、カインがアベルを殺し、ヤハウェが大地を呪い、カインに大地の「産物」を得て生きることを禁じ、さらには死ぬことさえ禁じた時、何がおきたかを端的に物語っていた。それは、レメクら、カインとカインの末裔以外の人々に、食料獲得のための深刻な「手の労苦」を強いていたのである。ではレメクの子ノアとそのノアの子孫は、その後どうなっていったのか。

まずノアはヤハウェと図って大洪水を起こし、一度は、カインとカインの末裔たちを地上から一掃した。そしてその後「最初の農夫として葡萄畑を作った」[59]。農業革命を起こし、食糧供給能力を格段に高めたのである。捕食もまた分業の一部として行うようになったのである。

ではその後はどうなったのか。ヤハウェがノアの後裔アブラハムに対して次のように命じたように、彼ら（アブラハム・イサク・ヤコブ）は「異郷」に「寄留」する「奴隷」となった。

しかと知るがよい。あなたの子孫は異郷の地で寄留者となり、四百年間、〔奴隷として〕人々に仕え、人々は彼らを抑圧しよう。しかし、わたしは彼らが仕える民をもさばくので、その後、彼らは多大な財産をもって〔そこから〕出て来るであろう。[60]

彼らにおいて、人の本質である他者依存性は、意思の他者依存、即ち他人の奴隷になることとなって現れたのである。

ちなみに稲作の広がりとともに日本列島にやってきた弥生人の多くも、多分、当初は寄留・奴隷・農民としてこの地にやってきたと思われる。彼らの居住空間であった弥生の環濠集落の構造を見ればわかる。集落を取り囲む水濠は、通常、水濠の外側の方が内側より高く作られていた。[61]佐賀県の吉野ヶ里遺跡においても水濠に巡らされた柵は、水濠の内側にではなく、外側に巡らされていた。だとすればそれは防御施設ではない。むしろ水濠の内側に住む人々に対する監視施設だったと考えるのが自然である。故に環濠集落の内側に住む人々の身分は、列島の外から大量にやってきた寄留奴隷であり、農民だったと考えるのが自然なのである。鳥取県青谷上寺地遺跡で発見された大量の弥生人骨もそれを証している。ＤＮＡ検査の結果、完全なる渡来系であり、相互に関係がない。しかも埋められ方がぞんざいである。

だからであろう。神武が塩土老翁のアドバイスに従って大和を目指した時の「東（ひむがしのかた）に美（よ）き地（くに）有り。青（あを）山四周れり（やまよもにめぐれり）。其の中に亦、天磐船（あまのいはふね）に乗りて飛び降（くだ）る者有り」との理由に、農業の適地という要素が入っ

図４、環濠集落の構造（上下ともに吉野ヶ里遺跡）　提供／国営吉野ヶ里歴史公園

一目瞭然、環濠の外側の方が一段高くなっていたり、その外側に柵が張り巡らされていたりしている。中世の環濠集落とは全く逆だ。中世の環濠集落の場合は、水濠の内側に防御施設が巡らされている。例えば、竹林が巡らされ、水濠の外側からの馬による侵入や、弓矢による攻撃を防ぐとともに、いつでも竹槍を作り、防戦にあたれるようにしている。

ていない。農民が、人の数に入れられていなかったことの証ではなかったのだろうか。「天磐船に乗りて飛び降る者」とは、直接的にはニギハヤヒのことを指したが、実は移動し交易する者の象徴だったのではないだろうか。

ただ寄留・奴隷・農民は永遠に奴隷であり続けたわけではなかった。やがて彼らの一部は、同じ奴隷でも社会に支える奴隷＝公僕に進化していった。アブラハムの子イサクの、そのまた子のヤコブの子ヨセフが、奴隷としてエジプト王（ファラオ）に仕えていたが、ファラオの見た夢の判断を求められ、次のように述べた時、その進化が始まったのである。

> 今から七年、エジプト全土は大豊作になります。ところが、その後に続いて、飢饉の七年が起こるのです。そこで、エジプトでは、豊作のことなどすべて忘れ去られます。飢饉が国を疲弊させるからです。その後に起こる飢饉のために、国にあった豊作のことは気にも留められなくなります。飢餓があまりにも激しいからです。ファラオの夢が二度も繰り返されたのは、このことが神によって定められ、神がすみやかにこれを実行しようとしているからに他なりません。ファラオは今すぐにも、聡明で賢い人物を一人捜し出し、彼をエジプトの国の上に立たせられますように。ファラオご自身が〔それを〕果たし、国中に管理官を任命して、豊作の七年間、エジプトの国から〔収穫の〕五分の一を徴収なさいますように。これから続く豊作の七年間、彼らに食糧を集めさせ、町々にて穀物を食糧としてファラオの管理下に集積し、〔これを〕保管させるのです。その食糧は、エジプトの国を襲う七年の飢饉に備えた国の備蓄となり、国は飢饉によって絶ち滅びることはないでしょう。[62]

飢饉に備えた備蓄の必要が、捕食の担い手の役割を変えたのである。人々に備蓄に必要な穀物の拠出を強制し、集まった備蓄穀物を管理・運用し、飢饉に際してはそれを分配するという役割を彼らに与えた。それを与えられた彼らは、必然的に「国の上」に立つ宰相となり、その下に組織された「管理官」たちになっていったのである。官僚となったのである。

そして、寄留・奴隷・農民から公僕としての官僚が生まれた時、カインの末裔たちも、時々襲い来る飢饉や疫病を過度に恐れる必要がなくなり、個性に従って才能をますます自由に発展させることができるようになり、分業社会のさらなる発展を図ることができたのである。

そしてこの寄留・奴隷・農民から公僕へという官僚制形成のプロセスが、日本においても見られたのではないだろうか。状況証拠はそれを示している。崇神五年に勃発した疫病の大流行と、それが当然伴った飢饉は、ヨセフの時代のエジプトが直面した飢饉に匹敵しうる出来事だった。それが一段落した時、ようやく「調」の精度が整えられ、官僚制の形成が始まったのである。しかもその形成期の官僚制が最初に取り組んだのは、狭山池の築造等の勧農政策であった。その時、寄留・奴隷・農民の公僕への上昇転化が起こっていたと考えるのは、アナロジーの観点からすれば、至って自然なことのように思えるのである。

なお私は、この上昇転化は、弥生時代末期の社会に、革命的変化をもたらしたのではないかと思っている。突然各地で銅鐸や銅剣・銅矛が埋められたり、高地性集落が作られたりしたのは、外敵の侵入の結果というよりも、その革命的変化の結果ではなかったのかと思っている。

コラム1
民族移動という視点

日本には昔から、自分たちの祖先はかつて長江下流域に栄えた呉（〜紀元前四七三年）からやってきたとする伝承がある。『魏志倭人伝』に「その使中国に詣るや、皆自ら大夫と称す」とあるのも、そのことを示している。というのも『魏志倭人伝』の元となった『魏略』によれば「大夫」は、実は「太伯之後」だったからである。ちなみに太伯とは、周の王族で、呉の建国者となった人物のことである。三世紀には既にその伝承があったことになる。考えてみれば、我々日本人の漢字読みは呉音読みだし、『日本書紀』に記された、倭の五王の朝貢先中国南朝の呼び名は「呉」であった。十分にありうることである。

『大日本史』編纂にあたって徳川光圀が、それを無理やりあり得ないことにしてしまったために、今では語り継ぐ人も少なくなったが、九州南端の鹿児島神宮では今なお太伯が祀られている。細々と語り継がれているのである。

そしてそうなるともう一つ興味深いのは、『魏志倭人伝』が日本の地理上の位置を会稽東冶の東とした上で、日本人の風俗と、その会稽に拠点をおいた越の人々の風俗との類似性を語っていることである。「好んで沈没」（海に潜る）すること、その時「大魚・水禽を厭う」ために「黥面文身」（入れ墨）すること、およびその「黥面文身」の仕方を以て身分表象としていること、などをあげている。「冬夏生菜を食す」ことができるほど日本の気候は「温暖」だからあり得る、ともしている。

呉と越とは、呉越同舟という言葉で我々が記憶しているように、隣接した二つの国であった。ならば、呉人が来ていたのなら、越人もまた日本列島にやってきていておかしくはない。『魏志倭人伝』はそのことを示唆しているのである。事実日本列島には「越」から派生したと思われる地名・人名が結構多い。越前・越中・越後の越――元は能登や加賀も含めて一つの「越の国」であった――がそうだし、越智（オチ）もそうだ。越を呉音読みすれば「オチ」になる。

さて我々は渡来人について多くを語る。何か突出した文化や文明の発生があると、それは渡来人がもたらしたものと、簡単に言う。しかしその割には民族移動というものを考えない。かつて、巨大前方後円墳を作り上げたヤマト王権の成立を、騎馬民族の襲来によるものと説明した騎馬民族説が盛んに論ぜられたことがあるが、それは例外に属する。基本的にこの国の歴史学は、そうした議論の仕方を好まない。徳川光圀の影響だろうか。

しかし日本人＝「太伯之後」説がかつて広範に流布していたということがあり、「越（高志）国」規模で、越人の渡来が想定できるかもしれないとすれば、それは考えないわけにはいかないのではないだろうか。そしてそれを考えた方が理解しやすい伝承や神話はいくつもある。第一、建国神話である神武東征神話が、外来の異族による征服神話になっている。

あるいは因幡の白兎伝承がそれだ。白兎は隠岐島からやってきて、やってくるにあたって騙したワニに身体中の毛をむしり取られて苦しんでいるところを、通りかかった大国主命に助けられるという物語だ。一見他愛もない物語に見える。

しかしそのやってきたところ（上陸地点）の、気多の前（みさき）という地名が、「越の国」（越前や越中等に分かれる前の越）全域に、神社名として今も残るところを見ると、それほど他愛もない物語でもなさそうなのである。一宮クラスの神社名だけをあげておいても次の通りである。

能登国一宮　気多大社　石川県羽咋市
越中国一宮　気多神社　富山県高岡市
越後国一宮　居多神社　新潟県上越市

兎はたくさんやってきて、今の県名でいうと鳥取県から新潟県にかけて、日本海側のあちこちに上陸してきたようなのである。しかも白山のシンボルカラーである「白」を纏って。

声がきけなくなった息子誉津別をなおすために、その子がわずかでもそれを見て反応した鳥を捕まえさせようと、垂仁天皇は家来に命じてその鳥を追わせるが、その時、鳥の逃げ回った順は、木（紀伊）国→針間（播磨）国→稲羽（因幡）国→旦波（丹波）国→多遅麻（但馬）国→近つ淡海（近江）国→三野（美濃）国→尾張（尾張）国→科野（信濃）国→高志（越）国の順であった。白山を一周する形になっている。そしてその鳥も白鳥であった。確かに白は白山のシンボルカラーだったようなのである。

その白を纏った兎、が、日本海側一帯に大量に上陸してきたのである。物語上白兎の出発点となった隠岐島にも隠知郡はあり、白山神社もあった。しかもその上陸した地域の大半は、長く越の国と呼ばれた地域であった。

だとすれば、この他愛もなく見える物語の中にも、実は越族の大移動の隠されていた可能性がある。ヤマト王権の守り神大物主神も、少彦名神と入れ替わりに海上彼方からやってきた。日本史を考える上においても、繰り返される民族移動は、やはり想定しなくてはならないのではないだろうか。

ただ、そこで大事なことは、民族移動は民族移動だけでは起きないということである。本書では十分にそれを描けていないが、二人のハツクニシラススメラミコトが登場する時のような、巨大な社会変革が起きる時に、それは起きるのではないだろうか。

モーゼ亡き後の予言者ヨシュアに率いられて、約束の地カナンを目指したユダヤ人たちは農民だった。またイスラエル王国の最初の王サウルがペリシテ人――パレスチナの語源ともなったカナンの地の原住民――との戦いに臨んだ時、イスラエル人たちはサウルとその息子ヨナタン以外に誰も剣や槍を持たなかった。彼らは鋤や鍬や鎌といった農具を手に、突撃していったのである。ということは本文中で述べた寄留・奴隷・農民が公僕＝官僚に上昇転化していく過程こそが、同時にユダヤ人のカナン（パレスティナ）の地への民族移動の時であったことになる。社会変革と民族移動が連動していた事例である。

となれば逆に、記紀においては内乱として描かれている崇神天皇の時の武埴安彦の乱や、垂仁天皇の時の狭穂彦・狭穂姫の乱の背景にも、磐井の乱の背景に新羅の干渉があったように、何らかの民族移動があったとは考えられないだろうか。考えてみるに値することだと思う。

第三節　神と王の創出

ただ寄留・奴隷・農民に出自する人々を、私人に隷属するのではなく、公に隷属する公僕につくり直そうとするのには、越えなくてはならない大きなハードルがあった。公というものをとりあえず社会全体の利益というぐらいに定義しておくと、それを体現し得る人を見出すことの困難性がそれであった。捕食という労苦から解き放たれたが故に、一人一人が自由にその個性的な才能を伸ばし、分業社会を構成する様々な職能を生み出してきたカインの末裔にも、他者に隷属することに慣れ親しんできたノアの末裔にも、それは似つかわしくない能力の持ち主であった。結局、神を想定し、その能力を神に委ねるしかなかったが、それでも、その神の意思を社会に、人の言葉に直して伝える人は、見出さなくてはならなかった。その困難は残った。

ではいかなる人が、そのような人として求められたのか。

まずは、神が憑依して神を代弁する人たちであった。崇神天皇の時に、浅茅が原で神がかりし、自らを祀れば疫病は治るとの大物主神の意を伝え、さらには迫り来る武埴安彦の乱を予言した倭迹迹日百襲姫（第七代孝霊天皇の皇女）のような人であった。ちなみに倭迹迹日百襲姫は、『魏志倭人伝』においては、鬼道に仕えよく衆を惑わす、邪馬台国の女王卑弥呼として登場する人物であった。

より一般的には「予言者」と呼ばれる人たちであった。ただこの種の人たちの特色は、やはり人間としての限界をもち、完全に神と一体化することはできないというところにあった。カナン（パレスティナ）侵攻に際して、あまりに過酷な神（ヤハウェ）のジェノサイド（先住民皆殺し）要求に対して、その実行を躊躇したばかりに、最良の予言者モーゼが神の怒りを買い、死を余儀なくされたことのように、である。

倭迹迹日百襲姫も、最後は神と一体化する能力を失った。その一体化の証として彼女は、大物主神と結婚するが、その時、夜な夜な現れる大物主から、自らの正体を知っても驚くなかれと言われていながら、ある朝それが蛇であることを知って、驚愕の声をあげてしまう。その結果、大物主の怒りをかい、御諸山の上に去らせてしまう。その結果彼女は、神が憑依するに足る神との近しさを喪失した。となると死ぬしかなくなり、自らの陰部を箸で突いて死んだ。モーゼと同じ運命を辿ったのである。

結局、神が憑依して神を代弁する人たちには、神の憑依が解ければ、ただの人に戻ってしまうという限界があった。そしてただの人としての姿が浮き彫りになるや否や、神の憑依は解けた。モーゼの場合も、倭迹迹日百襲姫の場合も、顕になったのは彼らの人間性であり、それが顕になった瞬間、彼らは神から見放されたのである。

ならば、神の憑依という、神の恣意に頼らずに、神の代弁者を見出す方法があれば、それに越したことはなかった。ではそのような方法が、あり得たのだろうか。神の性格の方を変えれば、あり得た。そしてその神の性格を変える試みは、予言者倭迹迹日百襲姫が死んだ瞬間に始まっていた。人々は彼女の死を悼み、わざわざ大和盆地の西側の大坂山から盆地を横断して「手逓伝(たごし)にして」[63]――バケツリレー式に――石を運んで、彼女のために巨大な墓を造営した。最初の巨大前方後円墳、箸墓の誕生である。では何をしたのか。彼女を予言者から、始祖神に作り変えたのである。始祖神の居場所だからそれは墓であった。始祖を以て神に代え、血のつながりを以て憑依に代えたのである。そう言えば、大物主神が疫病を鎮めたかったら自らを祀れと言った時、崇神天皇にではなく、自らの子大田田根子に祀らせようとしたことは示唆的であった。大物主神もまた、自ら始祖神に脱皮しようとしていたのである。だから「日は人作り、夜は神作る」[64]と言われるように、彼もまた、箸墓作りに協力したのである。

かくて、始祖倭迹迹日百襲姫（＝卑弥呼）の神としての権威を示す、一基の巨大な前方後円墳（箸墓）と、その始祖神と代々の王たちの血のつながりを示す数多くの前方後円墳が、次々と造られる時代がやってきた。古墳時代の到来であった。

ただ通常の神と始祖神とでは、大きな違いがあった。始祖神は、具体的な言動を伴う神である半面、時の経過と共に人々の記憶から徐々に消えていく神でもあった。だからその権威を維持するためには、二つの措置が施されなくてはならなかった。

一つは、その始祖神の誕生年をどんどんと過去に遡らせ、遂には神代の神々の一柱にまで溶け込ませてしまうことであった。倭迹迹日百襲姫（卑弥呼）の活躍した時代が崇神天皇の時代だったとすれば、その次の垂仁天皇の時代、突然アマテラスの皇祖神としての読み直しが始まる。父崇神が疫病退散に益なしとして宮中から追放したアマテラスを、今度は垂仁が、娘倭姫に命じて、伊勢に誘い、皇祖神として祀らせ始めたのである。倭迹迹日百襲姫とアマテラスとの同体化が進んだものと思われる。真の神の力で、その荘厳化が図られたのである。

そして今一つは、始祖に匹敵する功績を有する「中興の祖」を見出し、その神格化を図るということであった。

では始祖倭迹迹日百襲姫の記憶が薄らいでいく中で、その中興の祖となり得た人物といえば、言うまでもなく神功皇后であった。そこで少し神功皇后の功績について見ておこう。

図５、箸墓古墳（国土地理院 地図・空中写真閲覧サービスの空中写真）

熊襲の反乱の鎮圧に九州に向かった仲哀天皇に、ある時神が、熊襲討伐など早々に切り上げて、黄金・財宝の国新羅を討てとの命を下す。だが、仲哀はそれを意に介さず、熊襲討伐を続け、遂には神の怒りに触れて、病を得て死んでしまう。そこでその一部始終をみていた皇后気長足姫（神功皇后）は、再び夫の悲劇を繰り返さないために、胎内に亡き仲哀の子誉田別を宿しながら、神がかりして、新羅に攻め込んだ。そして自らに取り憑いた神々の支援を得て勝利をおさめ、莫大な黄金・財宝を得て九州に凱旋、その地で誉田別（後の応神天皇）を生んだ。

ただ誉田別が生まれると、今度は、その即位を阻止しようとする、押熊王ら仲哀の他の皇子らが、彼女の前に立ちはだかった。そこで彼女は、新羅平定の余勢をかって、再び軍勢を率いて畿内に攻め上るが、その時、一つの危機に見舞われた。新羅侵攻の時には彼女に取り憑いて離れなかった神々が、突如彼女から離れ去っていったのである。対外戦争に使った武力を内戦に使うことに嫌気がさしたのだろうか。モーゼや倭迹迹日百襲姫ならば、神に見放されて、自死を選ぶしかないほどの危機であった。しかし彼女は死ななかった。やむをえず、その離れ去った神々を、「務古水門（むこのみなと）」[65]（兵庫の津）の周辺に——事代主神は長田神社（神戸市長田区）に、稚日女尊は生田神社（神戸市中央区）に、底筒男命・中筒男命・表筒男命は住吉神社（神戸市東灘区）に、アマテラスの荒魂は廣田神社（西宮市）に——丁重に祀り、さらに進軍を続けた。そして、押熊王らを打ち破り、力を背景に七〇年の間、摂政として皇太子誉田別を支え、その死後、応神天皇の即位を実現した。

新羅という敵を作り出すことによって大和と熊襲の融和を図り、日本という国の統合を強固にしたこと。七〇年の長きにわたって摂政として誉田別を後見し、応神天皇以降の長く続く、男系で受け継がれる王朝の礎を築いたこと。何れをとってみても中興の祖と呼ぶに相応しい功績であった。

しかも、彼女は、自らは皇后であって始祖神の血を直接受け継ぐ者ではなかった点において、また神々の憑依を得て、赫赫たる戦功をあげた点において、倭迹迹日百襲姫同様の始祖神となってもおかしくない人物であった。だからこそ中興の祖になり得たのである。故に、第一の始祖神、倭迹迹日百襲姫の記憶が薄らいでいく中で、彼女は第二の始祖神、中興の祖の地位を占めるようになっていったのである。そしてやがて息子応神天皇と共に、八幡神として祀られるようになった。後に伊勢神宮と石清水八幡宮が、二所の宗廟と呼ばれるようになっていくのも、故なきことではなかった。

なお、そこで注意を喚起しておきたいのは、八幡神は実は三柱の神から成り立っており、その中心には、名は不詳だが、一柱の女神がいるということである。多分倭迹迹日百襲姫＝卑弥呼だったのだろう。その神の並び自体が、神功皇后の中興の祖としての地位を表しているように、私には思える。

そして、神功皇后の功績のあり方からいって、その八幡神は、日本という国が内部に深刻な分裂・亀裂を抱えた時、国の外との対立を媒介にそれを癒す、日本という国の守り神となった。元寇の後、一四世紀初頭に成立したとされるその由緒書『八幡愚童記』には、その本質が次のように記されている。

> もともとこの世には国家や王といったものはいなかった。人は「愛欲」もなく「荘厳自然」に生きていた。しかし時が過ぎ、人に「愛欲」が生まれると、そうもいかなくなった。人は、刹那的になり、「愛欲」をむきだしにして、相争うようになった。そして社会を疲弊させ、五穀もろくにとれない状態を作り出してしまった。そこで人は、自らで自らをコントロールすることを諦め、一人の王を戴き、その王に服従することによって、社会に秩序を取り戻そうとした。最初の王には「大三摩多」という人が選ばれ、順次「金銀銅鉄ノ輪王」が選ばれていった。しかし、王もまた人である、他の人と同様やがてその聖性を失い、「聖主」が現れなくなった。すると一人の力でこの世の全体を統治できる優れた王がいなくなったから、世界は多くの国に分かれ、それぞれに王を戴くようになった。かくて新羅や百済や高句麗や日本といった国々が、次々と生まれ、お互いに「愛欲」のとりこになり、相争うようになった。そして、その争いの中から、とりわけ「貪欲」な新羅や百済や高句麗と戦って日本を守る神が現れた。それが八幡神であった、と。[66]

かかる神であったが故に、倭迹迹日百襲姫（卑弥呼）とは異なり、対外的緊張が高まることはあっても、低まることのない、この国の置かれた地政学的環境の中で、容易に忘れ去られることのない神だった。中興の祖神としてはうってつけの神だったのである。

事実、八幡神が神の姿をとって宇佐の地に最初に現れたのは、六世紀後半、欽明天皇の時代であったが、その時は、任那日本府が新羅によって滅ぼされた（五六二年）とされるなど、朝鮮半島における日本の地位が、どんどんと失われていく、まさに対外的緊張が頂点に達した時であった。五五四年には、日本に仏教を伝えた「恩人」、百済の聖明王も新羅に攻められ、殺されている。朝鮮半島は、激動の時代に入っていたのである。

第四節　聖徳太子への道

しかしたとえ、アマテラスと一体化しようと、第二の始祖神（八幡神）によって補完されようと、始祖神が次第に霊威を失い、公を支える力を喪失していくのは、やむを得ないことであった。新たな神とその代弁者の創出が期待された。そこで注目すべきは五世紀後半、雄略天皇の時代の出来事である。

雄略四年、天皇が葛城山で狩りをしている時、雄略と瓜二つの神が現れ、一言主神と名乗った。そこで二人は終日狩りを楽しむことになったが、その二人が轡を並べて歩んでいる姿を見て、人は雄略のことを有徳な天皇と称賛した。一言主神とは明らかに雄略の内面に宿る神であった。だから雄略と瓜二つだったのである。またその神と共にいるとき、雄略が有徳に見えたのである。

次いで雄略七年、雄略が希代の力持ち小子部連蜾蠃（ちひさこべすがる）に命じて、三諸山の神大物主神を捕まえさせ、「雷」と改名させた。大神神社の祭神大物主神を、上賀茂神社の祭神別雷神に変えたのである。ではそのことによって何が変わったのか。大物主神は、人の女性と交わり人の子を生ませる能力を持つ神であった。神武天皇の皇后、媛踏鞴五十鈴媛命も、大物主が、絶世の美女と名高い三島溝咋の娘、勢夜陀多良比売に生ませた子であった。崇神五年に疫病が大流行したときに大物主祭祀を託された大田田根子も、大物主の子の一人であった。しかし別雷神は、上賀茂神社の社伝によると、正体不明の何者かと交わった人の女性である玉依姫から生まれた神であった。ということは大物主神の別雷神への改名は、人の内面に神の宿ることの証明となった。神が人から生まれたのだから、そうなる。

そしてタカミムスビが出現した。それはまさに「天地を鎔ひ造せる功[67]」ある神であり、「造物[68]」、即ち万物創造の神であった。そしてそうであるが故に、人の内面に宿る神でもあった。

雄略天皇の時代、人の内面に宿る神が発明されたのである。

視線を今一度『聖書』世界に移してみると、ダビデ王・ソロモン王の時代の繁栄も束の間、アッシリア、次いで新バビロニアの侵攻にあって、イスラエル王国とユダ王国（エルサレム）が相次いで滅びる。しかしそのとき、神ヤハウェは人々に、次のように出エジプト以降の歴史を「父祖たちの忌まわしい歴史」と総括した上で、カナンの地に止まることなく、バビロンの地に捕囚として赴くことを求めた。今一度、原点に立ち返り、出エジプト以来の歴史をやり直させるためであった。

> 私がイスラエルを選んだ日、わたしはヤコブの家の子孫に〔誓いの〕手を挙げて、エジプトの地で彼らにわたし自身を知らせた。わたしは彼らに〔誓いの〕手を挙げて、言った、わたしヤハウェがお前たちの神である、と。その日、わたしは、わたしが彼らに偵察させた乳と蜜の流れる地——それは全地で最も麗しい——を目指して、エジプトの地から彼らを導き出すことを、彼らに手を挙げ〔て

誓っ」た。

わたしは彼らに言ったものだ、

「おのおの、その目の〔前にある〕おぞましいものを投げ棄てよ。エジプトの偶像によって自分を穢してはならない。わたしヤハウェがお前たちの神である。」

ところが、彼らはわたしに逆らい、聞き従おうとはしなかった。彼らはおのおのその目の〔前にある〕おぞましいものを投げ棄てず、エジプトの偶像を放棄しなかった。[69]

ちなみにここでいう「おぞましいもの」とは、ノアの末裔特有の奴隷根性のことであった。それを捨てきれないから、ユダヤ人たちは、かつて彼らの主人たち（エジプト人他）が守護していた「偶像」を、いつまでも拝み続けているのである。それを棄て、同じ奴隷でも、公の奴隷、即ち公僕に上昇転化することができていれば、唯一の公の体現者であるヤハウェ以外の神を拝もうとはしなかったはずである。そう考えたから、ヤハウェはこのように述べたのである。

しかしその時、彼は従来通り、十戒を石板に刻み、それを彼らに与えるといった形で、ユダヤ人たちを、再度外から導こうとはしなかった。予言者エレミアに次のように述べた如く、全てのユダヤ人の心の中に入り込み、彼らを内面から突き動かそうとしたのである。

見よ、わたしが、イスラエルの家とユダの家と、新しい契約を結ぶ、そのような日々が来る――ヤハウェの御告げ――。その契約は、わたしが彼らの父祖たちを、その手を握ってエジプトの地から連れ出した日に、結んだ契約のようではない。そのわたしの契約を、彼らは破ってしまった。わたしが彼らの主であったのに――ヤハウェの御告げ――。彼らとの日々の後に、わたしがイスラエルの家を結ぶ契約はこれである――ヤハウェの御告げ――。わたしは、わたしの律法を彼らの中に置き、彼らの心にこれを書き記す。わたしが彼らにとって神となり、彼らがわたしにとって民となる。そのようにして、人々はもはや、互いの隣人や互いの兄弟に教えて、『ヤハウェを知れ』と言うことはない。まことに、彼らは小さい者から大きい者まで皆、わたしを知るからだ――ヤハウェの御告げ――。まことに、わたしは彼らの咎を赦し、彼らの罪を二度と思い出すことはない。[70]

同様の神が、雄略天皇の時代、この国にも現れたのである。

ならば神が憑依することによってでもなく、神の憑依した始祖から血を受け継ぐことによってでもなく、人が神同様の存在、神の代弁者になる方法が生まれた。自らを内省し、内なる神と交信、それを感得することによって、そうなるという方法であった。我々が通常言うところの、「悟り」によって覚者＝聖になるという方法であった。釈迦やキリストが絶対性を獲得した方法であった。

そしてこの国においても、そのような聖の出現への期待が生まれた。欽明天皇の時、六世紀前半、仏教こそは「周公」や「孔子」でさえ理解できない程難解な教えではあるが、「普天の下の一切衆生、皆解脱を蒙[72]」ることのできる教えでもあるとの勧誘を、百済の聖明王から受けて、仏教導入の是非を検討し始めたのが、そのきっかけとなった。そして、崇仏派の蘇我馬子や聖徳太子と、廃仏派の物部守屋が激しく争う中、守屋が殺され（五八七年）、女帝推古天皇の下で積極的な仏教興隆政策がとられるようになると、その期待は一挙に膨らんだ。

しかも、朝鮮半島南部における拠点回復のための三度にわたる新羅遠征（六〇〇年～六〇三年）がことごとく失敗し、人々の目を内政にそらすためにも、冠位十二階（六〇三年）の制定や、十七条憲法（六〇四年）の制定など、官僚制強化の方策を次々と打ち出さなくてはならなくなった時、その期待は、頂点に達した。官僚制を強化するためには、官僚が公僕として仕える対象の、神の代弁者の権威を、可能な限り高めなくてはならないのは、先に述べた通りだからである。だから十七条憲法の第一四条に、聖徳太子は「千載にして一の聖を待つこと難し。其れ賢聖を得ずは、何を以てか国を治めむ[73]」と書き込んだのである。

そして自らは聖の探索に没頭し、六一三年の冬のある日、不思議な体験をする。斑鳩宮と目と鼻の先の片岡（王寺町）というところを散策していると、一人の飢人に出会った。「飲食」と「衣裳」を与えるも、間に合わず死んでしまったので、気の毒に思い、その飢人のために墓をつくってやった。しかし数日後、その飢人が、もしや「凡夫」ではなく「真人」即ち「聖」ではなかったのかと思い立ち、使者を送り確かめにやらせた。すると使者は、「屍骨」は既になく、「衣服」のみがきちんとたたんで残してあったと復命した。そこで彼は、やはりその飢人は「聖」であったと確信し、再び使者にその「衣」を取りに行かせ、「常の如く」それを着た。するとどうだろう、人々は「聖の聖を知ること、其の実なるかな」といい、飢人の中に「聖」を見出した聖徳太子自身のことを「聖」と称えるようになった[74]。

これは有名な片岡飢人伝承であるが、この時聖徳太子は、聖の見出し方を発見したのである。死して蘇る者を探せばいいということになったのである。いくら奇跡を起こしても自らがキリスト（救世主）であることを信じてもらえなかったイエス・キリストが、死なないでくれと懇願する弟子たちを振り切って「〈人の子〉は、多くの苦しみを受け、長老たちや祭司長たちや律法学者たちによって棄てられ、かつ殺され、そして三日後に起き上がらなければならない」[75]と述べ、あえて十字架にのぼり、処刑され、三日後に蘇る（復活）ことによって自らがキリストであることを証明してみせた、その方法で自らの聖性を証明する者を探せばよかったのである。死して蘇るというのは、その人に内在する神＝霊の強さ、偉大さを物語るからであった。体内にヤハウェの神の宿りを感じた予言者エレミアが、それを証明するのに、死骨を蘇らせるという方法を使ったように、である。

では、聖の見出し方を発見した聖徳太子は、どうしたのか。自ら死に（六二二年）蘇るという道を選んだ。何処にいるか分からない聖を探すよりも、より簡単な、自らが聖になることの方を選んだのである。蘇我馬子よりも、推古天皇よりも早いその死は、自死の香り漂う死であった。そして六四三年、最愛の息子山背大兄王が蘇我入鹿に攻められ、「以和為貴」との――言論を超える争いを禁じた――父の教えを守り、一族もろとも自死を遂げた時、彼は蘇った。『日本書紀』によればその時「五つの色の幡蓋（はたきぬがさ）（貴人に差し掛けられる傘[76]）」を差し掛けられて、照り輝き音楽に満たされた天から降りてくる者がいた。それが聖徳太子であった。そして一見矛盾に見えるが、その蘇りは、唯一の目撃者蘇我入鹿によって保証された。キリストの復活が、キリストの敵対者パウロの目撃によって保証されたのと同じである。敵対者の証言に勝る証言はないからであった。

第三章

古代から中世への転轍

小国の集まりから官僚が支配する国家へ

聖徳太子が蘇り、まさに厩戸皇子が聖徳太子になった。その時この国は、ようやく神と完全に一体化した、純粋な公共性の体現者を得た。

第一節　大化改新とその後

当然従うべき公が、聖徳太子の意思として明瞭になるのだから、寄留・奴隷・農民に出自する人々の公僕化は、一挙に進むはずであった。彼らの私人への隷属（私地・私民）が廃され、すべての土地と人民が、公僕化した彼ら（官僚制）によって画一的に管理される公地・公民制が実現するはずであった。

そしてその理想は大化元年（六四六年）正月に出された、①従前、天皇や皇族がたててきた名代や子代や屯倉、さらには臣・連・伴造・国造、村首などの豪族が所有してきた部曲や田荘を廃止して、公地公民制の原則を確立すること。②京師（首都）を定め、畿内・国司・郡司・関塞・斥候・防人・駅馬・伝馬などの制度を整え、地方支配の仕組を整えること。③戸籍・計帳を作成し班田収授の法を確立すること。④従来の税制を廃止し、新たな税制（田の調）を整えることの四ヶ条からなる、大化改新詔として発せられた。孝徳天皇が周囲の反対を押し切って難波長柄豊碕宮（京師）の建設（六五二年）に没入していった有様をみても、その改新詔に書き込まれたことの、理想の高さがわかる。

しかしその実現は、思うに任せなかった。蘇って聖になった聖徳太子は、観念上は生きていても、現実には死んでいたからであった。釈迦やキリストと同じであった。死んだ太子は、結局は生前の言動（例えば十七条憲法）と、死後に自らに似せて造らせた偶像（法隆寺金堂の釈迦如来像）の発するオーラを通じてしか、人を支配することができなかった。それ以上の支配は、「天子」を任じ、「天子」を通じて行うしか

図６、法隆寺金堂釈迦如来像

図７、法起寺・法隆寺様式の伽藍配置

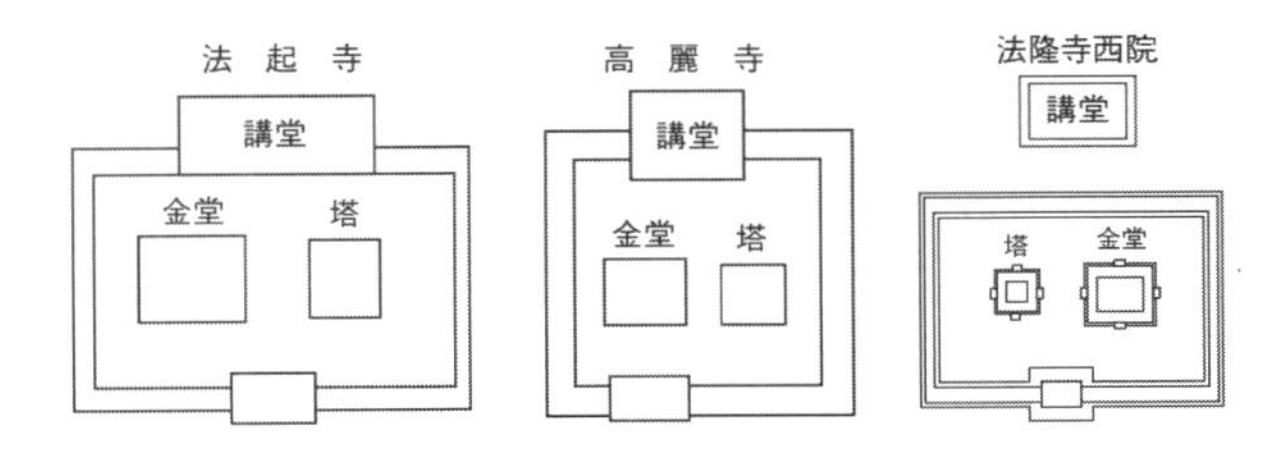

聖徳太子は622年に亡くなるに際して、自らに似せた釈迦如来像一体の作製と、推古天皇に法華経を講じた場所としても思い出深い岡本宮の寺（法起寺）への改修を命じて死んだとされる。ではそれは何のために。ここで述べてきた仮説が正しいとするならば、死して蘇るための準備であった。法隆寺金堂の釈迦如来像は太子の偶像、法起寺は、蘇ったのちの太子の棲家ということになる。だから、法隆寺金堂釈迦如来像には飛鳥大仏と同じ止利仏師の作とは思えないほどの圧倒的なリアリティーがあり、法起寺や法隆寺の伽藍配置には、仏舎利を納めた塔に対する、釈迦如来像を納めた金堂の優位性が確かめられるのである。逆にそのリアリティーや優位性こそが、やはり聖徳太子蘇りの証なのではないだろうかとは、私の仮説である。

なかったが、その場合、誰が「天子」になるかは、聖徳太子からの啓示を受けた者がなるといったこと以上に、決められたルールはなかった。そして実際に「天子」を自認したのは、山背大兄王を死に追いやり、聖徳太子の蘇りを目撃した蘇我入鹿であった。蘇りを目撃したのだから当然であった。しかしそこには、易姓革命に発展する可能性が秘められていたのである。

　そしてその可能性を封じ込める力を、誰ももたなかった。中大兄皇子や中臣鎌足が飛鳥板蓋宮で蘇我入鹿を殺害した乙巳の変（大化改新のきっかけになった事件）の時、入鹿が「当に嗣位に居すべきは、天子なり。臣罪を知らず。乞ふ、垂審察へ」と自らを「天子」と規定し、即位の正当性を主張したのに対して、中大兄皇子は、入鹿が「天子」であることを否定するのではなく、「豈天孫を以て鞍作に代へむや[77]」と述べ、「天孫」という概念を持ち出して、それを「天子」概念にぶつけてみせることしかできなかった。

　しかし「天孫」というのは、語は新しくても、所詮は始祖神の霊威を、血によって受け継ぐ者に過ぎなかった。伝統的な神の代弁者の生み出し方を、改めて強調してみせただけであった。

　だから中臣鎌足は、恐れ慄き、寸鉄を帯びない蘇我入鹿に、一太刀も浴びせることができなかったのである。逆に中大兄皇子は、理性を失い、暴力によってしか入鹿を抹殺することができなかったのである。

　ということは、聖徳太子がせっかく蘇り聖となっても、入鹿以外に、それを、自ら「天子」となって活用しようとする者がいなかった。乙巳の変の首謀者たちに至っては、むしろ聖徳太子の存在そのものを、記憶から抹殺しようとする有様であった。孝徳天皇は推古天皇に倣って六四六年に「仏教興隆の詔」を発するが、奇妙なことにそこでは、推古朝の仏教興隆政策における蘇我馬子の功績には触れても、聖徳太子の功績には一切触れなかったのである[78]。あるいは本来であれば聖徳太子の名をあげて然るべきところを、当たり前のように「上古の聖王[79]」という言葉に置き換えていったのである。

ならば聖徳太子の聖としての蘇りと、その権威を前提にしてこそ成り立つ、すべての土地と人民が、公僕化した寄留・奴隷・農民、即ち官僚によって画一的に支配され、管理される社会＝公地・公民制社会の実現が、必ずしも順調にいかなくなったのは当然であった。改新詔に記された理想の実現が、必ずしも思うに任せなかった理由がそこにあった。

だからあらゆる改革が遅れたし、不完全なものとなった。班田収授の法を実施する前提となるはずの戸籍の編纂も、六七〇年の庚午年籍の編纂をまたなくてはならなかったし、国司や郡司の任命も、天武・持統朝以降になって、ようやく本格化した。京師の建設も藤原京の建設まで、着手できなかった。逆に天武・持統朝になって、廃止されていたはずの私地・私民が食封の制となって復活したり、官位制（冠位十二階）が氏姓制（八種の姓）に逆戻りしたりもした。

そしてもう一つ、国家の統一も容易に進まなかった。既に述べたように神武建国の時以来、この国は小国の寄り集まりとして造られた。郡県制か封建制かといえば、封建制がとられた。だから国家の中央部に、国家の最も重要な関所が並ぶという奇妙な構造をもった。愛発関・不破関・鈴鹿関の三関であり、それが都（藤原京・平城・平安京）の少し東側に、若狭湾から伊勢湾にかけて一列に並んだ。確かに三関の設置が確認されるのは天武朝以降のことであるが、『魏志倭人伝』にも、その三関をつなぐ境界の存在が示唆されている。それは邪馬台国よりも「北」にある「その余の旁国」に関しては「遠絶にして得て詳にすべからず」と記しながら、その一方で「その余の旁国」の名を多数あげ、それらの国々のさらに向こうに「女王の境界の尽くる所[80]」の存在することを記しているからである。『魏志倭人伝』の記述を合理的に読もうとすれば、当然「北」は「東」と読まなくてはならないから、それは、大和盆地にあった邪馬台国には、すぐ東の国境と、はるか東の国境の二重の国境があったことを示唆していた。そのすぐ東の国境が、三関を結ぶラインだったのである。

そしてそれはこの国が、長く小国の集まりであったことの証拠であった。小国の集まりとしての国家は、国家を統合するのに小国間の軋轢を利用する。より小さな軋轢をより大きな軋轢によって吸収し、最後はその大きな軋轢を抱える二つないし三つの小国群を生みだし、それらの間の妥協を演出することで国家の統一を保つ。中世京都の自治が、町と町の軋轢を町組と町組の軋轢に吸収し、町組と町組の軋轢を上京と下京という惣町間の軋轢に吸収して、最後は上・下京間の妥協を演出することで実現したように、である。だから小国の集まりであったこの国には、東国と西国が相対峙するかの如き構造が似合っていたのである。

ということは、逆に、三関のラインが東国と西国を分つラインとして現実に機能していたとすれば、それは、この国が、依然、小国の集まりであり、封建国家であったことの証拠であった。しかも三関は、七八九年に桓武天皇によって廃止されるまで、現実に機能していた。壬申の乱（六七二年）の時は、鈴鹿関の手前で東国勢力を糾合した大海人皇子（天武天皇）が、不破関で大友皇子を打ち破り、畿内に侵攻した。大宰府で藤原広嗣の乱（七四〇年）の起きた時は、その東国への波及を恐れた聖武天皇が、天武天皇の足跡を追うかのように、鈴鹿関から不破関へと行幸した。さらに七六四年に叛乱を起こした藤原仲麻呂（恵美押勝）は、愛発関に阻まれて越前への脱出に失敗し、敗死した。

一方で官僚制国家を生み出そうとする努力を営々と積み重ね、聖徳太子の聖としての蘇りを契機に、その歩みを一挙に前に進めるチャンスを手にしていながら、この国は奈良時代の終わりまで、結局は小国の集まる封建国家であり続けたのである。

そしてその結果、単一の国家中心としての都づくりにも、試行錯誤を繰り返すこととなった。難波長柄豊碕宮への遷都は失敗し、藤原京建設以降も、造っては潰し、造っては潰しの繰り返しに、百年以上の歳月をかけたのである。

第二節　大仏造立

七世紀から八世紀にかけて、政治の官僚化と国家の統一は焦眉の課題だった。言うまでもなく、五八一年に、長く分裂状態にあった中国を隋が統一し、六一八年にそれを唐が受け継ぐと、東アジア世界における中国の影響力が飛躍的に高まり、外圧が強まったからだ。当然日本も遣隋使や遣唐使を派遣し、中国との融和に努めたが、その融和策も時に破綻した。六六〇年に唐の支援を得た新羅によって百済が滅ぼされると、日本は百済の遺民を助けて、唐・新羅連合軍との戦いに入っていかざるを得なくなった。六六三年の白村江の戦いである。そして惨敗した。何時唐・新羅連合軍に、九州に上陸されてもおかしくない状況が生まれた。そうした中で、隋・唐の統治構造をモデルに政治の中央集権化を図ることと、「総力戦体制」の構築が喫緊の課題となった[81]。そのために政治の官僚化は、欠くべからざる課題となったのである。

嫌が上にも、官僚の隷属の対象たる王の公共性は強化しなくてはならなかった。

故に一度は封印した聖徳太子の聖としての権威も、天武天皇の時に解放した。天武天皇は、六七〇年に消失した法隆寺の再建にも取り組み、聖徳太子信仰の拡大に先鞭をつけた。[82]ちなみに法隆寺の再建がかなったのは聖武天皇の時であり、聖武もまた『日本霊異記』に聖徳太子の生まれ変わりと書かれるほどに、聖徳太子に深く帰依した人物であった。

あるいは、天皇が、始祖神（倭迹迹日百襲姫＝アマテラス）から血によって受け継ぐタイプの公共性（霊威）も、積極的に活用した。天武朝以降、そのために、神代からの現代に至る歴史を書き、『古事記』『日本書紀』として編纂した。皇祖神アマテラスが鎮まる伊勢神宮の整備・拡張にも力を入れた。壬申の乱のとき、大海人皇子（天武天皇）が伊勢神宮を遥拝し戦勝を祈願したことが、そのきっかけとなった。今に至るまで二〇年に一度繰り返されている式年遷宮の始まりは、持統天皇の時であった。

ただ、足りなかった。官僚制を作り、統一国家を作るということの意味が、年々歳々変化し、複雑化していったからであった。六四五年の段階においては、将来の構想は別として、当面やらなくてはならなかったことは、全国の人と土地を戸籍・計帳に登録して班田収授を行うことであった。しかし八世紀になると、本書冒頭で述べたように、巨大な首都と七本の道（五畿七道）を整備し、全国を、交通・経済の面でも一つに結びつけることが求められるようになった。第二の「国生み」の必要が、強く求められるようになったのである。

その変化に耐えうる新たな公共観念の創出が求められた。それには、聖や始祖神の権威を持ち出すだけでは足りなかったのである。

そしてその新たな公共観念の創出という課題に、逸早く取り組んだのが、聖武天皇であった。七四三年に彼は次の盧舎那仏造立の詔を発し、その取り組みを始めた。

朕薄徳を以て恭しく大位を承け、志兼済に存して勤めて人物を撫づ。率土の浜已に仁恕に霑ふと雖も、普天の下法恩洽くあらず。誠に三宝の威霊に頼りて乾坤相ひ泰かにし、万代の福業を脩めて動植咸く栄えむとす。粤に天平十五年歳癸未に次る十月十五日を以て菩薩の大願を発して、盧舎那仏の金銅像一躯を造り奉る。国の銅を尽して象を鎔、大山を削りて堂を構へ、広く法界に及して朕が智識とす。遂に同じく利益を蒙りて共に菩提を致さしめむ。夫れ、天下の富を有つは朕なり。天下の勢を有つは朕なり。この富と勢とを以てこの尊き像を造らむ。事成り易く、心至り難し。但恐るらくは、徒に人を労すことのみ有りて能く聖に感くること無く、或は誹謗を生して反りて罪辜に堕さむことを。是の故に智識に預かる者は懇に至れる誠を発し、各介なる福を招きて、日毎に三たび盧舎那仏を拝むべし。自ら念を存して各盧舎那仏を造るべし。如し更に人有りて一枝の草一把の土を持ちて像を助け造らむと情に願はば、恣に聴せ。国郡等の司、この事に因りて百姓を侵し擾（し、強ひて収め斂めしむること莫れ。遐迩に布れ告げて朕が意を知らしめよ。[83]

まず彼の問いは「普天の下法恩洽く」及ぼすのにはどうしたらいいかであり、答えは「三宝の威霊」に頼るべく、「盧舎那仏の金銅像一躯を造り奉る」であった。では「三宝の威霊」に頼るのに造立する仏が、なぜ釈迦仏でも阿弥陀仏でもなく、盧舎那仏だったのか。盧舎那仏は華厳教という経典に登場する仏であるが、雄略天皇の時に出現したタカミムスビ同様、全宇宙の中心（法身）であり、万物の創造主であるが故に、万物に内在し、それ自体の姿を持たず、人にも内在する仏であった。だからそれを造るということは、誰にとっても「自ら念を存して各盧舎那仏を造る」ということにつながる、即ち自らに内在する盧舎那仏と向き合い、その存在を自覚するということにつながるからであった。一言で言えば「悟り」につながるからであった。

ならば「天下の富を有」ち「天下の勢を有つ」彼が、彼一人の力でそれを作るのではなく、一人一人は「介福」（人それぞれの利益）の追求に余念のない普通の人々の協力も得、さらには「一枝の草一把の土を持ちて像を助け造らむと情に願」う貧しい人々の協力まで得て、それを作ろうとした理由もわかる。

盧舎那仏は万人の心の中に宿る。それを喚起して、万人に、自らの利益のためにのみ生きるのではなく、少しは公共の利益のために生きる、「小さな公共心」を持たせるためであった。そしてその「小さな公共心」をもった者を「知識」と呼び、自らもその「知識」の列に加わろうとしたのである。

聖徳太子が、人に内在する神を感得して聖になろうとした時には、大多数の人は所詮「凡夫」であって、そうはなれないことが前提であった。だからこそ「千載にして一の聖を待つこと難し」。しかし「賢聖を得ずは、何を以てか国を治めむ」だったのである。国家には正しい導き手が必要だと思うから、彼は死んで蘇ってまで、聖になろうとしたのである。

しかし聖武天皇は違っていた。彼は聖徳太子が得たような「大きな悟り」も「大きな公共心」も人に求めなかった。当然自らにも求めなかった。「小さな悟り」「小さな公共心」を求めたのだ。但しそれを、万人に求めた。万人に「知識」になることを求めたのである。この社会が、その「小さな悟り」「小さな公共心」を獲得した人々によって満たされることを夢見、「盧舎那仏の金銅像一躯」の造立を試みたのである。

時あたかも第二の「国生み」が本格化し、聖武の盟友行基が呼び掛ければ、たちまち富めるも、貧しき

コラム2

平安京誕生の必然と平安京以降

　七世紀の終わりから八世紀にかけて、藤原京・平城・恭仁京・長岡京・平安京と、次々と巨大な首都が建設されていくが、意外と関心を持たれないのは、それに必要な資源はどのように調達されたのか、である。

　当時のことだから当然その中心は材木であるが、膨大な量の材木がどのように調達されたのかということについては、あまり関心が持たれない。周辺の国々の山々から切り出されたということになるが、問題はそれが、どう運ばれたかである。大きな川がなければ運べない。では使える川は。当然淀川水系の川々ということになる。

　例えば、東大寺を建設するにあたって、近江一円で切り出された材木は、まず瀬田川河口付近に集められ、そこから宇治川・淀川・木津川を経て木津まで運ばれ、その後陸路東大寺に運ばれた。だから材木が集められた瀬田川河口付近には、東大寺建設の中心人物良弁によって建てられた石山寺がある。

　藤原京を除き、平城以降の全ての首都が淀川水系の何処かに建設されたのは、それ故であった。平城とて奈良盆地の中では最も木津川に近いところに建設された首都であった。

　ただ大きな川があるところには、便利だけでなく、不便もあった。その大きな川が、陸上交通をあちこちで寸断するからである。普通の人流・物流ならば渡し船で支えることもできるが、下手をすれば一〇万人を超える人口を擁する都市を支えるのに、それは不可能であった。

　だから必要になるのは橋であった。しかし大きな川に橋を架けるのは、堤防を築き治水を行うよりも困難なことであった。日本の川は、世界でも有数の急流だということを忘れてはならない。しかもモンスーン気候の中にあるから、雨量も多い。相当高度な技術がなければ、橋は架けられない。だから七世紀の半ばまで橋は架けられなかった。

　七世紀後半になってようやく淀川水系の川にも橋が架けられるようになった。まずは宇治橋と瀬田の唐橋が架けられ、八世紀に入ると、行基（集団）によって、山崎橋（京都府大山崎町と大阪府枚方市樟葉を結ぶ橋）と泉橋（木津川市のところで木津川を渡る橋）が架けられた。寺院建築の発達が、それを技術的に可能にしたのだと思う。かくて八世紀になり、ようやく木津川以北の、本来巨大首都を建設するのに相応しいところに、首都を移す可能性が出てきた。そしてその可能性を最初に現実に移したのが、行基による泉橋建設に合わせる形で恭仁京遷都を断行した、聖武天皇であった。

しかしそれにしても、藤原京建設を計画し実行した天武・持統両天皇以降、何故、それ以前（飛鳥に都をおいていた時代）にはなかった巨大首都の建設が必要になったのか。同時に五畿七道の整備が進められていたからであった。日本中を、七本の道で一つに結び合わせる統一国家づくりが本格的に始まっていたからであった。ならば首都は、七道の起点であり、同時に終点になる。日本中の人と富が集まるところとなる。巨大化するのは必然的であった。そして巨大化しながら、巨大化するのに最も適当な地を求めて、北へ北へと移動したのである。

では平安京ができたことによって、この社会はどう変わったのか。まずは五畿七道に支えられ、国中の人と富が集まる破格の中心（首都圏）が生まれた。そしてその結果、都と鄙に引き裂かれながら、にもかかわらず分割することのできない、有機的一体性を持った単一不可分の統一国家が生まれた。

だから国境が生まれ、国境の管理（軍事）と平安京の管理（造作）が連動した。

またその破格の中心をコントロールすることを通じて、国家全体をコントロールする、特別なスキルを持った統治集団が生まれた。それが多分藤原氏であった。

それが証拠にというべきか、琵琶湖から大阪湾にかけての淀川水系には、藤原氏ゆかりの史跡が多い。淡海公という藤原不比等のおくり名自体がその史跡のようなものだが、藤原頼通が宇治に建てた阿弥陀堂、平等院鳳凰堂や、藤原氏累代（冬嗣・基経・道長・頼通など）の墓が立ち並ぶ宇治陵、始祖鎌足の墓と伝えられる阿武山古墳、等がある。

藤原氏は、壬申の乱ではむしろ負けた（大友皇子）側であった。にもかかわらずその藤原氏が、首都が平安京に移ってから以降、目覚ましい活躍を見せる背景には、鎌足・不比等以来積み上げてきた、琵琶湖＝淀川水系利権があったのではないかとは、私の仮説である。

も、ボランティアとなって集まり、橋をかけ堤防を築き池溝を開鑿する、大建設時代であった。その時代に相応しい、悟りと公共心のあり方を、聖武は求めたのである。

ただそれは崇神朝以来、この国の支配層が求め続けてきた、寄留・奴隷・農民を公僕にまで引き上げることのできる、神を代弁し、神と一体化した絶対者の存在を否定することでもあった。同じ悟りや公共心を求められるのではあっても、「大きな」それを求められない絶対者などいないからであった。

第三節　最澄と空海

そして聖武天皇や行基の志は、最澄と空海が受け継いだ。

まず最澄だが、彼は「一切の衆生皆な仏性あり[84]」と言いながら、その一方で「国宝とは何物ぞ」「照千・一隅、これ則ち国宝なり[85]」と語ることによって、人に本来備わった「仏性」を、世の「一隅」を照らす程度の「仏性」に矮小化した。逆に言えば、人が神同様の全知全能の存在になる、本来の「悟り」を放棄したのである。

だから彼は、同じ戒律でも、俗人と区別された出家者を規律するためのより厳しい戒律（声聞具足戒）

ではなく、俗人の世俗生活を規律するための戒律、菩薩戒を推奨した。また、如何に「仏性」があろうと、人には、この世の全てを認識することはできないと考えるから、その認識はあっさりと神に預けた。最澄が比叡山に延暦寺を開くにあたって、麓の坂本に既に存在していた、オホナムチと大山咋神を祀る日吉大社との習合を図ったのはそのためであった。両部神道が生まれるきっかけを作った。一〇世紀に活躍した比叡山中興の祖とうたわれた良源が、天意を占うとして「おみくじ」を始めたのも、そのためであった。

では空海は何をしたのか。彼は、淳和天皇に提出した『秘蔵法鑰』と題する意見書の中で、「憂国公子」（儒者）と「玄関法師」（空海自身）の対話という形式をとりながら、まずは、世の乱れの原因を「僧尼」の腐敗に求める一般の空気を否定し、「聖君」「賢臣」が出なくなった時代にこその原因は求めるべきと、次のように述べた。

麟鳳、一たび見ゆればすなはち天下泰平なり。摩剛、一たび目ゆればすなはち万物声に応ず。聖君、世に出づれば四海無為なり。賢臣、機を輔くれば一人垂拱す。然りといへども、聖君に遇ふこと希なり。千載に一たび御す。賢佐は得難し、五百に一たび執る。摩尼は空しく名をのみ聞く、麟鳳、誰か実を見る。[86]

そしてその上で、今は出なくなった「聖君」「賢臣」の一人に釈迦を加えた。「聖君」「賢臣」が出なくなった時代というのと、釈迦入滅後千年が経ったが故に、「正法」の世が「像法」の世になった事実を重ね合わせたのである。

時に増減あり、法に正像(しょうぞう)あり、増劫の日は人みな十善を思ひ、減劫の年は家ごとに十悪を好む。正法千年の内には持戒得道の者の多く、像法千載(せんざい)の外には護禁修徳の者の少なし。今に当つて時はこれ濁悪(ぢょくあく)、人は根劣鈍なり。[87]

要は「正・像・末三時説」、即ち末法思想に立って、この世の乱れを説明した。

さてそれでは、なぜ釈迦ほど偉大な人の教えでも、入滅後千年も経てば、通用しなくなり、この世は濁世に変わるのか。彼は次のように説明した。

法をば諸仏の師と名づく。仏はすなはち伝法の人なり。[88]

釈迦がどんなに偉大な人であっても、所詮は法（法身）に仕え、法を人々に伝える「伝法の人」に過ぎなかったからであると、彼は考えた。法自身ではないからであると。

ならば永遠に衰えることのない真理を聞き、この世の乱れを正すためにはどうしたらいいのか。「諸仏の師」である「法」、即ち「自性法身大毘盧遮那如来」——簡単に記せば「法身」——が「自眷属と自受法楽の故に説きたまふところの法[89]」（人に伝えるためでなく、自らが楽しむために説くところの教え）を、「伝法の人」を介さず、直接聞くしかない。法を「伝法の人」を介して聞く方法を顕教の法とすれば、直接聞く方法は密教の法、その密教の法に頼るしかないとしたのである。

これが空海の行ったことであった。故に彼はその主著『十住心論』において、人が「無明」の状態を脱し「悟り」の状態に至る一〇の階梯の中で、釈迦の悟りを九段階目、密教の法による悟りを一〇段階目、即ち最上位においたのである。

ではそうすることによって、本当は何をしたのか。本来は法身（真理）・報身（身体）・応身（化身）三身一体であるはずの釈迦から、法身だけを切り離し、それを釈迦の上位におくことによって、釈迦でさえ人である限り、結局は悟り得ない存在であることを立証してみせたのである。人中最も偉大な釈迦でさえ悟り得ないのである。他の人は推して知るべしという観念を醸成したのである。

結局最澄と同じことをしたのである。人が人である限り真の悟りには到達し得ない。ならば悟りのハードルを下げ、人は「大きな悟り」ではなく「小さな悟り」をこそ求むべしとしたのである。聖武天皇や行基の志を継いだのである。

ただ「大きな悟り」を放棄し、「小さな悟り」のみを追い求めることは、二人が予想もしなかった結果を伴った。それはそもそも悟りということ自体を放棄する人々が現れたことであった。悟って成仏するよりも、ひたすら、死後極楽浄土に往生し、阿弥陀如来に救われることを願う人々の登場であった。良源の弟子源信（恵心僧都）が、冒頭次のように書いた『往生要集』を貪り読む「頑魯の者」たちの登場であった。

> それ往生極楽の教行は、濁世末代の目足なり。道俗貴賤、誰か帰せざる者あらん。ただし顕密の教法は、その文、一にあらず。事理の業因、その行これ多し。利智精進の人は、いまだ難しと為さざらんも、予が如き頑魯の者、あに敢てせんや。

図８、平城から平安への条坊制の変遷

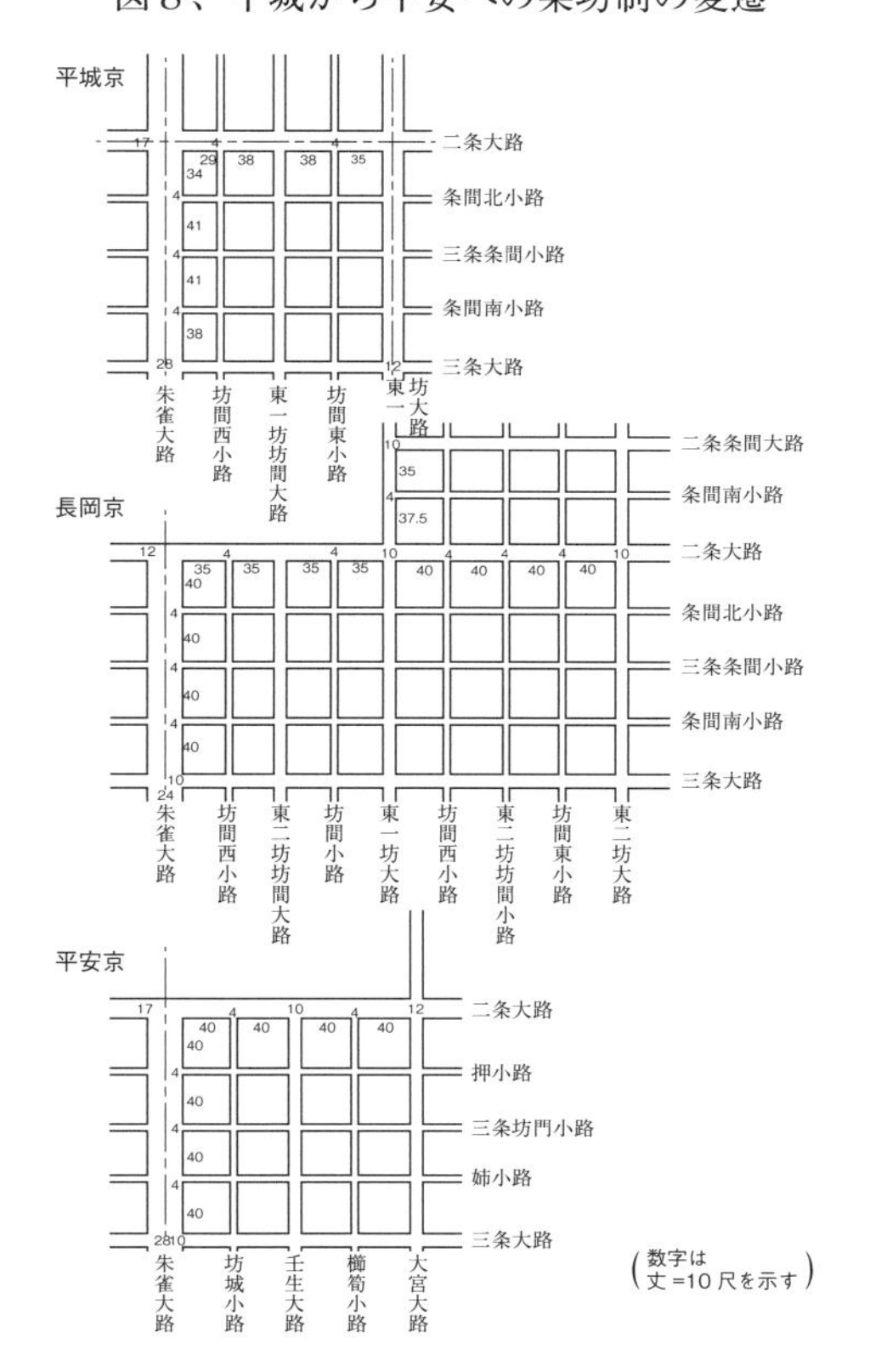

この三つの図は、山中章『日本古代都城の研究』（柏書房、1997年）に掲載された、平城・長岡京・平安京の、それぞれ対応する地点の街並み図である。平城・長岡京が街区を囲む大路の大きさによって、居住区の大きさが区々になっているのに対して、平安京は、大路の大きさとは関係なく居住区の大きさが一定であることがわかる。平城・長岡京が天皇の都（帝都）として認識されていたのに対して、平安京が帝都でもあるが、同時に住民の集まり（共同体）としても認識されていたことが類推される。そして住民の共同体であるが故に、平安京には特に置かれたものがある。それは、住民の隣保組織を司る保刀祢と、四条通の東、華頂山山頂の将軍塚（古墳）である。将軍塚は特に平安京建設時に作られたものなのではないが、いつしか坂上田村麻呂の塚墓のイメージと重ね合わされ、将軍塚と呼ばれるようになった。東蝦を排斥する力（排外主義）こそ、平安京をまとめる力だったからである。

この故に、念仏の一門に依りて、いささか経論の要文を集む。これを披いてこれを修むるに、覚り易く行ひ易からん。[90]

そしてそれはやがて、平安時代の末から鎌倉時代にかけて、「理は深く解は微なる」[91]が故に、いくら輪廻を繰り返し「多仏」に会い経験を重ねても人は絶対に悟れないと説く法然や、悪人正機の説を説く親鸞を生んだのである。まさに異端を生んだのである。

第四節　専制と共和

官僚制を創出するために人々がひたすら悟りし人＝聖を追い求めていた時代、国家の理想は専制国家であった。聖とその啓示を受けた天子による専制、それこそが国家の理想であった。だから奈良の都（平城）は、専制君主天皇の都として造られた。中国伝来の天子南面の思想に基づき、天皇の居場所と政庁は都の北辺に造られ、そこから真っ直ぐに南にのびる朱雀大路を境に、天皇の視線に合わせて、東が左京、西が右京とされた。さらには南北の列を「坊」、東西の列を「条」という形での区画整理（条坊制）が行われたが、その場合も大小の路を引き都市全体の輪郭を造ることがまず優先され、区画の大きさは取り囲む路の幅によって区々に造られた。まさにそれは専制君主天皇の都と呼ぶに相応しい造られた方をした。

しかし覚者＝聖をひたすら追い求めることがなくなり、人に等しく「小さな悟り」（公共心）を求め始める時代に造られた平安京は、平城とは全く違う造られ方をした。人の住む区画が、全て同じ大きさに造られた。都市の全体があって、次に区画があるのではなく、区画の集まりとして都市の全体があるという構造をとった。だから皮肉なことに、一見、平城よりはるかに整然とした都市の輪郭（長方形の輪郭）を持つように見えながら、住民の都合（選択）で、湿地帯を多く含む右京は、いとも簡単に見捨てられ、その整然とした輪郭はついに完成することなく終わった。天皇が「天下の富」と「天下の勢」を使って盧舎那仏造立に尽力することと、富裕層がそれぞれの「介なる福」の一部を割いてそれに尽くすことが、同じ「知識」の行為とされるのである。その社会を規律するルールは、唯一平等しかなかったからであった。[92]

もはや専制はこの国に相応しい国制ではなくなった。そこで想い起こされるのは、『神皇正統記』において北畠親房が展開した、次の宇多天皇批判である。

此御門（冷泉院）より天皇の号を申さず。又宇多より後、諡をたてまつらず。遺詔ありて国忌・山陵をゝかれざることは君父のかしこき道なれど、尊号をとゞめらるゝことは臣子の義にあらず。（中略）中古の先賢の議なれども心をえぬことに侍なり。[93]

宇多天皇が「遺詔」によって「諡」を自らに贈ること、及び「国忌」「山陵」を定めることを停止したことが、行き過ぎて冷泉天皇の代になると「天皇」号（尊号）の停止にまで発展したことに、怒りをぶちまけているのである。だから平安時代以降、多くの天皇が、死後、ゆかりの地などの名に「院」をつけて「〇〇院」と呼ばれるようになった。天皇号の復活は、後醍醐天皇などの例外を除くと、一八世紀末に即位し一九世紀初頭まで在位した、光格天皇の時になってようやく実現した。平安時代に入ると、天皇権威の低下は著しく、百年も経つと、死んでもその徳を偲んで「諡」が贈られることもなくなり、「天皇」とさえ呼ばれなくなっていたのである。清和天皇のような幼帝も現れた。専制の主体には到底似つかわしくない存在になっていたのである。天皇が聖の啓示を受けた「天子」として人々を超越するのではなく、「知識」として人々と横並びになったのである。

では専制が成り立たないとすれば、外見上ヒエラルヒッシュ（上位下達的）に、かつ専門的に編成されなくてはならない国家官僚制の統合は、如何にしてなされたのか。まずは官僚間の合議によってなされるしかなかった。

七〇一年に大宝律令が制定され、七一八年に養老律令が制定されて律令官僚制が整備されていくが、その頂点には太政官という、太政大臣・左大臣・右大臣・大納言・中納言・少納言局（事務機構）・左右弁官局（事務機構）――+令外官である参議――からなる合議機関が位置付けられ、その下に実務官僚組織である八省（中務省・式部省・治部省・民部省・兵部省・刑部省・大蔵省・宮内省）が置かれた。

また、時代が下り摂関政治期になると、左右近衛府の陣において、大臣以下参議までの公卿たちが参加して国政上の重要事項を審議する、陣定（じんのさだめ）が設けられた。

日本の統治機構には、形は違え、常に合議制が組み入れられることになったのである。鎌倉幕府において、評定衆や引付衆のような合議機関の設置が進んだのも、その伝統のなせる技であった。

ただここで重要なことは、合議による統合は、一方でその合議に参加する人たちの固定化、世襲化を招くということであった。本来ヒエラルヒッシュであり、かつ専門的であって当然の組織を、合議によって維持していこうとすれば、職分の予定調和的な配分と固定化が便利だったからである。職分間の調和を図るのではなく、調和を前提に職分を固定するのである。その結果多くの官職が、特定の家（氏）によって請け負われ、代々世襲されるといったことが起きた。佐藤進一の言う官司請負制――黒田俊雄に言わせれば権門体制――が発展した。[94]『神皇正統記』の言う、「寛弘」（一一世紀初頭）以降の次の有様は、そのことを指していた。

> 寛弘よりあなたには、まことに才かしこければ、種姓にかゝはらず、将相にいたる人もあり。寛弘以来は、譜第をさきとして、其中に才もあり徳も有て、職にかなひぬべき人をぞえらばれける。世のすゑに、みだりがはしかるべきこといましめらるゝにやありけむ。[95]

人を官職に就けるのに「才」や「徳」よりも「譜第」（血の継承）を優先するのは、特定の官職と特定の家が結びつき、あらゆる官職の家職化が進行することを意味していた。摂政・関白が典型的で「藤氏の摂籙の家も他流にうつらず、昭宣公（藤原基経）の苗裔のみぞたゞしくつたへられ[96]」るようになっていた。

ただ後論との関係で、そのあらゆる官職で進む世襲化には、もう一つの背景があったことも忘れてはならない。私は先に、人を、捕食という労苦から解き放たれるが故に、一人一人が自由にその個性的な才能を伸ばし、分業社会を構成する様々な職能を生み出していくカインの末裔型の人と、他者に隷属し、寄留・奴隷・農民となって他者に食を提供することを生業とするノアの末裔型の人に二分類したが、官僚になっていくのは、主にノアの末裔型の人であった。

だから、崇神朝において初めて官僚制が成立した時、彼らは長年住みなれた環濠集落（都市）を棄て、農村に散っていった。推測するに、そこが彼らにとって最も居心地のよい住処だったからである。また、律令体制下において、彼らへの給与の支払いは、主に土地（位田・職田）や、農民に対する課税権（封戸）によってなされた。貨幣（銭・布帛・米）によってはなされなかった。これも彼らが、元を正せば寄留・農民・奴隷出自の人たちである証拠であった。[97] だから彼らには農村領主化の志向が常にあった。容易に私地・私民を手放そうとしなかったし、三世一身の法（七二三年）や墾田永年私財法（七四三年）が制定されると、たちまち荘園領主化の道を歩み始めたのも、そのためであった。

ただここで大事なことは、官僚が寄留・農民・奴隷出自の人たちであるということは、彼らは、公（君主）に対する隷属者（公僕）としては最適の人たちであったとしても、専門家としては不適当な人たちであったということである。多種多様で個性的な才能の持ち主は、ノアの末裔型の人よりは、カインの末裔型の人に多いからであった。

しかし、官僚が官僚であり、様々な官職の担い手である限り、何らかの形での専門家であることは、彼らにとって必須の要件であった。後に、建武新政の時、北畠親房の子顕家が、次のように述べて、後醍醐天皇に命じられた陸奥守就任を一度拒否したことがあるが、「和漢の稽古をわざとして、朝端につかへ政務にまじはる」ことはしても、「吏途の方」を習わず、「武勇の芸」に携われないのは、官僚としての顕家の欠陥であった。

代々和漢の稽古をわざとして、朝端につかへ政務にまじはる道をのみこそまなびはべれ。吏途の方にもならはず、武勇の芸にもたづさはらぬ。[98]

となるとどうなるか。官僚の官僚としての職務は、通常、官僚の家に仕える、より下級の専門家——天皇から見れば「陪臣」——によって担われることになる。

例えば、一〇世紀半ば、承平天慶の乱を起こした平将門は、一方で「昔は兵威を振ひて天下を取る者、皆史書に見えたるところなり。将門天の与へたるところすでに武芸にあり。思ひ惟るに、等輩誰か将門に比ばむ」と、自らの武勇を誇り、その武勇を背景に「半国」を領有し、「新皇」を名乗ることの正当性を堂々と主張しながら、他方「そもそも将門少年の日に、名簿を太政の大殿に奉りて数十年、今に至りぬ。相国摂政の世に生きて、不意にこの事を挙ぐ。嘆念の至り、勝げて言ふべからず。将門国を傾くるの謀を萌せりといへど、何ぞ旧主の貴閣を忘れむ。且つこれを察し賜はば甚だ幸なり」と、蜂起してなお残る「旧主」藤原忠平（菅原道真と争った藤原時平の弟）への思いを語っている。[99] かかる一芸（武芸）に優れ、且つ主家に忠実な者が、各官僚家にはいたのである。

だとすれば、この国の官僚制は、そもそもが、個人単位の登用ではなく、家単位の登用によって成り立っていたことになる。ならばそれが官司請負制に傾斜していくのは、必然だったのである。

しかし、当然の結果だが、あらゆる官職が家職化し、人を登用するのに「才」や「徳」よりも「譜第」を優先するようになった官僚制に、強い統治能力を期待することはできなかった。「寛弘」のころを待つまでもなく、その統治は随所で綻びを見せていたのである。

平安時代に入ると、全国至るところで国司の非を鳴らす、反国司闘争が巻き起きた。一〇世紀初頭、備中国の国司を務めた三善清行が、醍醐天皇に提出した「意見封事十二箇条」は、当時の地方統治の惨状を今日に伝えている。三善清行や菅原道真（讃岐国の国司）のような「良吏」が、何とか律令制の原則に沿って、それを立て直そうとするが、間に合わなかった。一〇世紀半ば、東西相呼応するかの如く、平将門、藤原純友の乱（承平天慶の乱）が起きてしまったのである。[100]

そして一一世紀になると、今度は東北地方の統治が不安定になり、前九年の役（一〇五一～一〇六二年）と後三年の役（一〇八三～一〇八七年）の二度にわたり、東北遠征軍を送らざるを得なくなった。また京都の治安も乱れ、検非違使庁の役割が、嫌が上にも増大した。西海道・南海道には海賊が跋扈した。

当然国家も対応はした。官職の家職化が、官僚制の実際の統合を乱しているとすれば、家々を包むもう一回り大きな血縁集団である、氏の結びつきを強めればいいという考えも生まれた。藤原氏による他氏排斥――承和の変（八四二年）・応天門の変（八六六年）・安和の変（九六九年）――が進み、高位高官が悉く藤原北家出身者によって占められるようになっていったのも、そのためだったのかもしれない。その意味では、他氏排斥が一応完了した藤原基経の頃、藤原氏に氏長者が誕生したのは興味深い。

第五節　末法と武士の台頭

しかし官職の家職化と、それに伴う「才」や「徳」よりも「譜第」を優先する人材登用の仕組みが改まらない限り、国家の統治能力の低下は、防ぎようがなかった。「和漢の稽古をわざとして、朝端につかへ政務にまじはる」ことはあっても、「吏途の方」「武勇の芸」に携わることのない官僚の増加は、確実に国家の権力基盤を蝕んでいった。

そしてそれが保元の乱（一一五六年）の時に顕になった。「代々和漢の稽古をわざとして」王者の戦とは如何にあるべきかということにこだわり、源為朝らの進言する夜討ち案を退けた藤原頼長（崇徳上皇側の将帥）が、逆に戦争は武士の芸能と割り切り、源義朝らの進言する夜討ち案を丸のみした藤原信西（後白河天皇側の将帥）に、いとも簡単に負けてしまったのである。[101]「和漢の稽古をわざとして、朝端につかへ政務にまじはる」ことはできなくとも、「吏途の方」「武勇の芸」には長けた人たち、その人たちの協力なしに、今や国家運営はできなくなったのである。

ならばどうすればよかったのか。従来は主に各官僚家の家人として存在したその「吏途の方」「武勇の芸」に長けた人たち、とりわけ武士を、官僚制の内部に取り込むしかなかった。そして治承寿永の内乱期、末法思想を用いてその必然・必要を説いたのが、時の天台座主慈円であった。兄は『玉葉』の筆者で知られる、関白九条（藤原）兼実であった。

ではどのように。彼はまず、歴史の原動力を次のように説いた。

日本国ノ世ノハジメヨリ。次第ニ王臣ノ器量果報ヲトロヘユクニシタガイテ。カヽル道理ヲツクリカヘ〳〵シテ。世ノ中ハスグル也。劫初劫末ノ道理ニ。仏法王法。上古中古。王臣万民ノ器量ヲ。カクヒシトツクリアハスル也。[102]

「王臣ノ器量果報」は時と共に傾向的に低下する。なぜならばこの世は末法だからである。では滅びるかというと、滅びない。なぜならば、必ず逆にその低下した「王臣万民ノ器量」を「ヒシトツクリアハ」せ、道理に必要な「器量果報」を取り戻そうとする動きが起こるからだ。そしてそれが歴史の原動力となる、と。

そして具体的に、この国の歴史を次のように概観した。

元は天皇一人の「器量果報」で国は十分に治まっていたが、やがて、その衰えと共に「王」の「器量果報」に補佐する者（「臣」）の「器量果報」を結び合わさないと、道理が保てなくなった。最初は神功皇后や聖徳太子のような、王族中の優れた者の「器量果報」を結び合わせていたが、やがて蘇我馬子のような「臣下」の「器量果報」まで結び合わせるようになった。しかしその時、一つの問題が起こった。つい蘇我入鹿のような人物の「器量果報」を結び合わせそうになったのである。下手をすれば易姓革命に発展しかねない事態であった。

そこで同じ「臣下」であっても、「大織冠ノ御子孫タチコソハ。偏ニ輔佐ニハ候ハセ給[103]」うべしとのアマテラスと天児屋命の神世の時代の約束に従い、藤原鎌足（大織冠）の子孫に限って、「臣下」の「器量果報」を結び合わせることにした。しかし世襲の「臣」の「器量果報」はどのみち弱い。藤原氏が補佐の任に加わって成し遂げたことといえば「①大織冠ノ入鹿ヲ誅シ給シコト、②永手大臣・百河ノ宰相ガ光仁天皇ヲタテマイラセシ事、③昭宣公ノ光孝天皇ヲ又タテ給シコト」の「三功[104]」ぐらいしかなかった。ならば、早晩、新たな「臣下」の「器量果報」を結び合わさなくてはならない時代がやってきたとしても、それは歴史の必然であった。それが保元の乱（一一五六年）が起こった時にやってきたのである。「日本国ノ乱逆ト云コトハヲコリテ後」「ムサ（武者）ノ世[105]」が到来したのであると、こう概観した。

故に、新たに「ムサ」の「器量果報」を結び合わさなくてはならなくなったとしても、それは避けてはならないとしたのである。避けないのが道理だとしたのである。

但し平氏政権のように、旧来結び合わされてきた様々な「器量果報」に、自らの「器量果報」を取り替えようとするのは、認めるわけにはいかなかった。平治の乱（一一五九年）の勝者となった平清盛はたちまち太政大臣に上り詰め、さらには高倉天皇に娘徳子を入内させ、安徳天皇を産ませて外戚の地位まで獲得した。その「器量果報」を、天皇や皇親や藤原氏ら伝統的支配層の「器量果報」に、「ヒシトツクリアハスル」のではなく、それに取って代わろうとしたのである。これを認めるわけにはいかなかった。

故に慈円らは源頼朝に期待したのである。どこまでも「ヒシトツクリアハスル」範囲内に、止めてもらうことを期待したのである。そして頼朝はその期待に応えた。だから彼は一一九二年、後白河上皇の死を待っていたかのように、征夷大将軍に就任したのである。

第六節　鎌倉幕府の成立

そこで見ておきたいのは源頼朝が、一一九二年に、征夷大将軍に就任したことの意味である。それは次の、就任の儀式に現れていた。

七月二六日、頼朝を征夷大将軍に任ずる除書（辞令）が勅使肥後介中原景良と同康定によって鎌倉にもたらされた。それを鶴岡八幡宮において、頼朝の使者三浦義澄が受け取り、比企能員、和田三郎ら軍装の従者一〇名を率いて頼朝の待つ「幕下西廊」にもたらした。そしてあらかじめ束帯姿で「出御」していた頼朝に、ひざまずきながら手渡した。[106] これがその儀式の全てであった。『徳川実記』が「幕府に勅使を遣はされて宣下せらる、事は鎌倉右大将家にもとひす[107]」と述べているように、徳川家康が征夷大将軍に就任するときにも、手本にした儀式であった。ということは「将軍制」という国制そのものの誕生を意味づける儀式であった。

ではこの儀式の要点は何だったのか。次の三点であった。

第一は、頼朝が「除書」を受け取った場所が、京都の朝廷ではなくて、鎌倉の幕府（陣営）であったという点であった。それは、将軍が、京都から出撃して、最後は京都に戻る存在ではなく、鎌倉という戦場に居続ける存在であることを示していた。「除書」を受け取る方が京都に出向くのではなく、「除書」の方が戦場にもたらされたのである。

第二は、頼朝が「除書」は受け取っても、「節刀」は受け取っていない点であった。征夷戦争に勝ち、凱旋すれば、やがて天皇に返さなくてはならない「節刀」を、頼朝は最初から受け取っていなかったのである。それは、頼朝が、征夷大将軍という臨時の官に就任しておきながら、それを近い将来辞することを、全く考えていなかったことを意味していた。

そして第三は、頼朝が勅使から直接「除書」を受け取っていない点であった。軍装の臣下を介して、その受け取りはなされた。それは、将軍が天皇の勅使にへりくだるという姿を極力避けた結果であり、三浦義澄率いる郎党が軍装であったことは、鎌倉が戦場であることを示していた。

要は、頼朝が、自らは半永久的に鎌倉という戦場に居続ける――京都には凱旋しない――ことを前提に、一切へりくだることなく、天皇から征夷大将軍の地位を受け取るというのがこの儀式の要諦であった。

なお付け加えておくと、『吾妻鏡』からその将軍就任の様子がわかる、頼朝以外の鎌倉幕府の五人の将軍（源頼家・源実朝・藤原頼経・藤原頼嗣・宗尊親王）の場合も、いずれも就任に際して、頼朝同様、除書は受け取っても節刀は受け取っていない。またその除書は、京都ではなく、鎌倉で受け取っている。将軍に就任すべく、京都から鎌倉に下向した宗尊親王にしても、鎌倉到着とほぼ同時の、一二五二年四月一日に将軍宣下を受けている。頼朝の征夷大将軍就任儀式の規範性がうかがえる。

ではこの儀式の意味は何だろうか。一一九〇年に源頼朝が奥州藤原氏の討伐に乗り出したとき、頼朝の御家人たちが、京都からの討伐命令がなかなか届かないことに業を煮やして、「軍中将軍の令を聞き、天子の詔を聞かず」[108]と述べたように、戦時下の征夷大将軍には、「軍中」にあっては「天子の詔」に代わる「将軍の令」を発する権限が与えられる。それを「閫外之権」と言ったが、「閫」とはしきい、即ち国境のことである。ならば、戦時の方を常態化させることができれば、その「閫外之権」を用いて、頼朝は自らを天皇とならぶ第二の王にすることができたのである。だから以上のような儀式を用意して、彼は征夷大将軍に就任したのである。鎌倉という蝦夷地に隣接する東国の都（軍都）で除書を受け取ったのも、その受け取りに際して軍装の家臣を介し、しかも一切へりくだることを避けたのも、そのための演出であった。

ではなぜ彼は第二の王になろうとしたのか。武士の王権と公家（以下世襲化した官僚を、慣例に倣ってこう呼ぶ）の王権を切り離し、武士の官僚世界への進出が、平氏政権の時のように、公家の王権の破壊につながらないようにするためであった。両者の棲み分けを可能にし、慈円流に言えば、武士の「器量果報」の付け加えが、どこまでも伝統的支配層の「器量果報」の足らざるを補い、その足らざる分を「ヒシトツクリアハスル」ことに止まるようにするためであった。

一方で、「吏途の方」「武勇の芸」に秀でた者たちの上昇（猟官）要求を、将軍の名において受け止め、他方それが無闇と国家の官僚制の深部に浸透することを防ぐために、彼は第二の王になろうとしたのである。だから彼は武士を国司に任ずるのではなく守護に任じ、荘官に任ずるのではなく地頭に任じたのである。そしてそのために守護・地頭の制度もつくった。また自らの御家人に、許可なく官位を得ることを厳しく制限した。木曽義仲を討ち、一の谷の戦い・屋島の戦い・壇ノ浦の戦いで赫々たる戦果をあげ、平家追討において戦功第一を謳われた弟義経でさえ、自らの許可なく検非違使少尉他の官位を得たことは許さなかった。追討し、義経を匿った奥州藤原氏もろとも滅ぼしてしまったのである。

そしてこの頼朝の振る舞いは、公家王権の側からも、当然高く評価された。彼らもまた鎌倉幕府との共生の道を選んだのである。

頼朝や、その後継者である北条義時や泰時が、多少の逸脱――上洛の際、頼朝が後白河上皇から強いられて右近衛大将や大納言に就任したこと――はあっても、総じて「一旦の勲功など云ばかりに、武家代々の陪臣をあげて高官を授られんことは、朝議のみだりなるのみならず、身のためもよくつゝしむべきことぞおぼえ侍[109]りて、「己が分」はもちろん、「親族ならびにあらゆる武士までもいましめて、高官位をのぞむ者[110]」の出ないようにしたことに対する北畠親房の高評価はそのことを示している。

彼自身は討幕の鬼と化した北畠親房（きたばたけちかふさ）が、およそ百年前、後鳥羽上皇が義時や泰時を故なく討とうとして承久の乱（一二二一年）を惹き起こしたことには「上の御とがとや申べき[111]」と、極めて批判的であったことは興味深い。

近世へ

官僚制の機能喪失、国家の統治能力の衰退と自治の登場

第一節　元寇

しかし、頼朝が、武士の王権と公家の王権の間に引いた境界も、やがて無意味化していく。一三世紀後半、時代を画する出来事が起こった。元寇――文永の役（一二七四年）・弘安の役（一二八一年）――であった。日本が久方ぶりに経験した、対外戦争である。当然、持てる力の全てを動員して、日本は戦った。公家は祈り、武士は戦場に赴いた。将軍と主従関係にあった御家人だけでなく、将軍との主従関係はなかった非御家人も、幕府の指揮に従った。そして、天も味方して戦いには勝った。しかしその後には、凄まじい論功行賞をめぐる争いが待ち受けていたのである。

勝ったところで一片の土地を得たわけでもなかったからである。過去の戦争においては、勝者となった鎌倉幕府の側には、恩賞として与えるべき土地が常にあった。治承寿永の内乱の時には平家没官領があり、承久の乱の時には、後鳥羽上皇側についた西国武士たちの所領があった。しかし、今回はそれがなかった。ただ侵攻してきた敵を撃退しただけであった。

しかし、では戦った武士たちも、それを察し恩賞要求を断念してくれたのだろうかというと、それはそうはいかなかった。元寇の有様を今日に伝えてくれる史料に、竹崎季長という武士の活躍を描いた、「蒙古襲来絵詞」という絵巻物があるが、それは竹崎季長が、後日恩賞にあずかるための証拠として描かせたものであった。竹崎季長のような武士は五万といた。その恩賞要求には凄まじいものがあった。

では戦っても恩賞が得られないとなると、その五万といた竹崎季長のような武士たちのエネルギーは、どこに向かったのだろうか。

一つは相互の奪い合いに向かった。際限なき内戦の時代が幕を切って落とした。その中で鎌倉幕府は崩壊し、一度は後醍醐天皇による建武新政（一三三三～一三三六年）が実現したが、それも束の間、最後は、日本国中が、誰と誰が何のために戦っているかも分からないまま戦い続ける南北朝内乱に雪崩れ込んでいったのである。足利尊氏が室町幕府を創設（一三三六年）しても、その流れは止められなかった。いつの間にか尊氏と弟直義が相争う（観応の擾乱）という事態にまで発展した。

そしてもう一つは、今のべた、武士の王権と公家の王権の境目を破壊する方向に向かった。地方では、武士（地頭）による荘園侵略が激しくなり、中央では、武士たちによる官位の争奪戦が始まった。流石の足利尊氏も、それにはほとほと困り果てたようで、幕府の基本方針を示した建武式目の一条に、次のように記していた。

一　諸国の守護人、ことに政務の器用を択ばるべき事
当時のごとくば、軍忠に募りて、守護職に補せらるるか。恩賞を行はるべくば、庄園を充て給ふべきか。守護職は上古の吏務なり。国中の治否ただこの職による。もつとも器用を補せられば、撫民の義に叶ふべきか。[112]

本来守護（国司）には「政務の器用」を選ぶべきところ、「軍忠に募りて、守護職に補せらるる」者がどんどん増えてきて困っている有様がうかがえる。一事が万事、こうなっていったのである。土地で恩賞要求に応えられない国家が、後醍醐政権であれ、足利政権であれ、官位・官職でそれに応えようとしたか

らである。試しに、鎌倉幕府を率いた北條執権の得た官位・官職と、足利将軍が得た官位・官職を比較してみよう。

北條時頼　正五位下・相摸守
北條時宗　左馬権頭・相模守・正五位下
北條貞時　左馬権頭・相模守・従四位上
北條高時　正五位下・相模守・修理権大夫・従四位下
足利尊氏：従五位上・鎮守府将軍・従四位下・左兵衛督・従三位・武蔵守・正三位・参議・征東将軍・従二位・権大納言・征夷大将軍・正二位
足利義詮：従五位下・左馬頭・従四位下・左近衛中将・従三位・征夷大将軍・正二位・権大納言
足利義満：従五位下・正五位下・左馬頭・征夷大将軍・従四位下・参議・左近衛中将・従三位・権大納言・右近衛大将・従二位・右馬寮御監・従一位・内大臣・左大臣・蔵人別当・後円融院別当・源氏長者・准三宮・淳和奨学両院別当・太政大臣

元寇以降、時頼・時宗・貞時・高時と続く北条宗家の当主得宗の専制が強まったとはいえ、北條執権たちはまだ官位・官職の獲得に抑制的であったことがわかる。その自制心が、足利将軍たちにはもうないのである。将軍がそうだということは、他もそうだということであった。

その意味で次の北畠親房の足利尊氏批判は的を射ていた。

高氏御方にまいりし、其功は誠にしかるべし。すゞろに寵愛ありて、抽賞せられしかば、ひとへに頼朝卿天下をしづめしまゝの心ざしにのみなりにけるにや。いつしか越階して四位に叙し、左兵衛督に任ず。拝賀のさきに、やがて従三位して、程なく参議従二位までのぼりぬ。三ヶ国の吏務・守護をよびあまたの郡荘を給る。弟直義左馬頭に任じ、従四位に叙す。昔頼朝ためしなき勲功ありしかど、高官・高位にのぼることは乱政なり。はたして子孫もはやくたえぬるは高官のいたす所かとぞ申伝たる。高氏等は頼朝・実朝が時に親族などとて優恕することもなし。ただ家人の列なりき。（中略）さしたる大功もなくてかくやは抽賞せらるべきとあやしみ申輩もありけりとぞ。[113]

そして官位・官職が論功行賞の具になっていくと、それに比例する形で、官僚制は官僚制としての機能を喪失していく。形ばかりの、名誉表示装置に成り下がっていったのである。だからやがて、尾張の大名であった織田信長が「上総介」を名乗るという、笑うべきことも起き、常態化した。

平安時代の初めより徐々に進んできた、官僚制の形骸化、弱体化が、遂にくるところまできたのである。慈円が期待し、頼朝が築き上げげた、武士たちの猟官熱から国家官僚制を守る仕組みも崩壊した。後醍醐天皇や北畠親房の怒りはいかばかりだったか。しかし惜しむらくは、親房も息子顕家同様「代々和漢の稽古をわざとして」「吏途の方にもならはず、武勇の芸にもたづさはらぬ」官僚の一人であった。「吏途の方」「武勇の芸」に長けた人たちが、力に相応した評価を求めて官位を貪る時代の勢いに、楠木正成（一三三六年湊川の戦いで戦死）や新田義貞（一三三八年越前藤島の戦いで戦死）や楠木正行（一三四八年四條畷の戦いで戦死）ら有力な武士たちの力を借りることなく、争う力はなかった。

そして武士たちの猟位・猟官が激しくなると、必然的に二つのことが起きた。一つは武家の王権による公家の王権の吸収・統合であった。佐藤進一が指摘した「主従制的支配」による「統治権的支配」の包摂であった[114]。足利義満による、皇位の簒奪まで囁かれる始末であった[115]。地方の支配においても国司の役割が消滅し、守護が、「半済」や「守護請」といった制度を使って、地域の領国化を図るに至った。守護大名の成立である。逆に荘園領主の荘園支配は弱体化していった。

そして今一つは、国家の統治能力の急速な低下であった。官僚制が形だけのものになるのだから仕方がなかった。一三九二年に南北朝が合一して、束の間の平和が訪れたが、それも長続きはせず、再び内乱の連鎖する時代に入っていった。一四三八年には、鎌倉公方足利持氏と関東管領上杉憲実の争いをきっかけに、六代将軍義教が持氏を討つという永享の乱が起こり、一四四一年には、今度はその義教が播磨国の有力守護大名赤松満祐に殺害されるという、嘉吉の乱が起きた。しかも京都周辺では、それらの兵乱――や政治変動――と時を合わせるかのように、正長の土一揆（一四二八年）や、嘉吉の土一揆（一四四一年）と言った、徳政令を求める大規模な民衆蜂起が起きた。

そして一四六七年、遂に応仁の乱が勃発したのである。国中の武士が、守護大名たちに率いられて京都に集まり、細川勝元率いる東軍と、山名宗全（持豊）率いる西軍に分かれて相争う、一〇年に及ぶ内戦に突入していったのである。下剋上の波が、あらゆる統治機構を襲い、国家の根幹が崩壊した。

第二節　応仁の乱後

では応仁の乱は何を残したのだろうか。一つは、言うまでもなく、農民出身の豊臣秀吉が従一位・関白・太政大臣の地位に就くまで終わらない、下剋上の続きを残した。官位・官職はますます論功行賞の具になり、現実の役職との対応を失っていった。

そしてもう一つは、誰も統治しようとしない無主・無縁の社会を残した。全国の守護大名が集い、そして去っていった京都が、その代表的な例となった。ではその無主・無縁の社会とは如何なる社会だったのだろうか。マックス・ヴェーバーが、自治都市成立以前の中世イタリア諸都市について述べた、次の指摘が参考になる。

われわれは、コンユーラーティオー以前の諸都市における状態を、細部については確かに相互にきわめて異なっていたと考えなくてはならないが、しかし、全体的に見れば、都市メッカの独特の無政府状態にかなり似たものであったと考えることができる。（中略）支配権に対する厖大な数に上る要求権が、相互に交錯し合いながら並存していた。[116]

「支配権に対する厖大な数に上る要求権」はあるが、それに応える「支配権」が存在しない状態の社会であった。応仁の乱後の京都の経済的発展の凄まじさを考えれば、それは容易に想像がつく。

正確にはわからないが、戦国時代末期（一六世紀末）の京都の人口は約三〇万人——大坂が二〇万人、江戸が一〇万人と推計されている——で、日本の中は勿論、世界を見渡しても有数の大都市になっていた。足利義満が自ら「日本国王臣源道義」と名乗り、積極的に明の冊封体制に入り込むことによって、日明貿易（勘合貿易）の扉を開いて以降、やがて南蛮貿易、朱印船貿易へと発展していく対外貿易も、京都経済に大きな影響を与えていた。最大の輸入品であった生糸は、京都に運ばれ西陣織に加工され、日本中に販売された。貿易の利益を得て豪商と呼ばれるに至った大商人たちも数多く現れた。角倉了以、茶屋四郎次郎、後藤四郎兵衛などといった人が、その代表格であった。

当然経済が発展し、人口が増えれば「都市メッカの独特の無政府状態」が生まれ、「支配権に対する厖大な数に上る要求権」も発生する。ヴェーバーが中世イタリア諸都市に見ていたのと同じ状況が、応仁の乱後の京都にも生まれていたのである。

しかし「支配権」は消滅していた。ではそこに生きる人たちはどうしたのだろうか。自治を行うしかなかった。道路を挟んで両側の家々が共同で地域を管理する、町——これを「両側町」という——の自治が生まれ、それを土台に、町組の自治、惣町（上京・下京）の自治が生まれた。当初の課題は、戦乱で混乱した京都の中で生き抜くための共同防衛・治安維持であったが、やがては商取引のための信用保証なども行うようになった。

しかもたちまち、次のイタリア自治都市の場合と同じ理由により、自治の内部に、「指導的な名望家」の強固なリーダーシップが打ち立てられていった。

コンユーラーティオーには、指導的な名望家だけではなく、原則としては、都市の土地所有者の全部が参加していた。したがって、公式には、多くの場合、市民集会――イタリアでは、「パラメントゥム」〝parlamentum〟と呼ばれた――が、コミューヌの最高の・主権的な機関とみなされた。形式的には、この形がしばしば固持されている。しかし事実上は、正に初期の時代において、多くの場合、名望家たちが完全に権力を握っていたことはいうまでもない。……そしてこの発展は、次の理由からして全く自然なことであった。すなわち、市民集会に不断に参加し、とりわけ問題の成り行きについて立入った討論をしたのは、周知の原則に従って、経済的に余暇をもっているひとびとに限られたからである。[117]

「支配権」の消滅は自治によって補われた。

ただ自治が、単なる互助・共助のための組織ではなく、「支配権」不在の中で「支配権に対する厖大な数に上る要求権」に応えなくてはならない組織である以上、その内部には、名望家支配だけでは補えない専門家（公務に専念する人々）による行政を抱え込まなくてはならなかった。次のヴェーバーの指摘にある、「ポポロ Popolo」のような集団を、である。それなしに「支配権に対する厖大な数に上る要求権」に応えることはできないからであった。

イタリアのポポロ Popolo は、単なる経済的概念ではなく、一つの政治的概念である。すなわち、それは、コムーネの内部の一つの政治的な特殊ゲマインデであり、それ自身の官吏と、その自身の財政と、それ自身の軍事組織とを備えていた。それは語の最も本来的な意味における国家内の国家であり、最初の・完全に意識的に非正当的で革命的な政治団体であった。[118]

そして重要なことは、そのような集団は、住民の内部からは供給されないということであった。町に住む住民は、どこまでも商工業者であって、一〇〇パーセント公務のために生きる人々ではなかった。

では、改めて、その「ポポロ Popolo」のような集団は、どこから供給されたのか。当然様々な供給元があったと思われる。応仁の乱で一旦倒壊した、中央地方を問わず国家の各部から析出された、失職した知識人や武士（牢人）たちも、その一つだっただろう。ただ、もう一つ大きな供給元は、宗教教団（寺院）であった。周知の如く中世の宗教集団は、その内部に「僧兵」と呼ばれるような強力な武装集団まで抱える、一種の領主権力であった。日蓮宗や浄土真宗のような新興集団とて同じであった。そこが供給元となった。

しかも求められているのは自治の守り手としての「ポポロ Popolo」であった。自治の根本的な担い手としての住民との精神的一体感を損なわない供給元が、供給元として望ましかった。だから勢い宗教集団が、相応しい供給元となった。

故に、京都の場合は、京都の町衆が深く帰依していた日蓮宗の宗徒たちが、その供給元となった。なお戦国時代末期、日蓮宗は権力者たちの間にも大きな広がりをもっていた。斎藤道三や織田信長も熱心な日蓮宗徒であった。一五七五年の長篠の合戦を描いた「長篠合戦図屏風」には、信長の周りに立つ「南無妙法蓮華経」と書かれた幟が描かれていた。岐阜市にある斎藤道三の菩提寺常在寺も日蓮宗の寺院だ。ということは、高度な専門家集団「ポポロ Popolo」の供給元として、それは相応しい宗教教団だったということである。

京都の町衆の自治が、やがて法華一揆へと発展し、比叡山延暦寺や、一向宗（山科本願寺）との、激しい宗教対立に巻き込まれていく所以であった。一五三六年には、延暦寺の宗徒らによって、洛中洛外に存在した日蓮宗寺院二一ヶ寺が破却されるという事件も起きている（天文法華の乱）。しかしその程度のことでは、京都の町衆と日蓮宗の関係は断ち切られなかった。

だからやがて京都を支配することとなった天下人たちも、その町衆と日蓮宗との関係を容認、利用したのである。信長が京都で定宿とし、最後はそこで殺された本能寺も、秀吉が二条城（聚楽第建設までの京都支配の拠点）建設用地として寺地を譲り受けた妙顕寺も、日蓮宗の本山寺院であった。また徳川家康が経済顧問として重用し、鷹峯（文化村）を所領として与えた本阿弥光悦なども、文化的なその後継者、尾形光琳・乾山兄弟などと共に、熱心な日蓮宗徒であった。

また「ポポロ Popolo」の供給元には、日蓮宗ではなく、浄土真宗（一向宗）がなった場合もあった。その場合には自治は、一向一揆となった。応仁の乱の最中に平和を希求し「御文」を書き続けた蓮如が到達した、士農工商の身分差が、差別のための手段としてではなく、社会の役割分業のための手段として機能する社会の実現という理想が、多くの国人領主や農民、さらには商工業者たちの心を捉えたのである。[119] 加賀国一向一揆で領主の座を追われた冨樫氏は、守護大名だから追放されたのではない。士にふさわしからざる大名だったから追放されたのである。そしてこちらは、各地に一向宗寺院を中心とした寺内町（例えば和泉国の富田林や、大和国の今井町）を生み、寺内町の広域ネットワークを生んだ。応仁の乱直後には、蓮如によって京都東郊山科の地に創建された山科本願寺がその中心となり、その山科本願寺が、京都の法華宗徒や近江の大名六角氏の襲撃を受けて消滅した（一五三二年）後は、大坂石山本願寺がその中心となっ

図 10、洛中洛外図屏風（上杉本。上が右隻、中が左隻。下は左隻の拡大図）

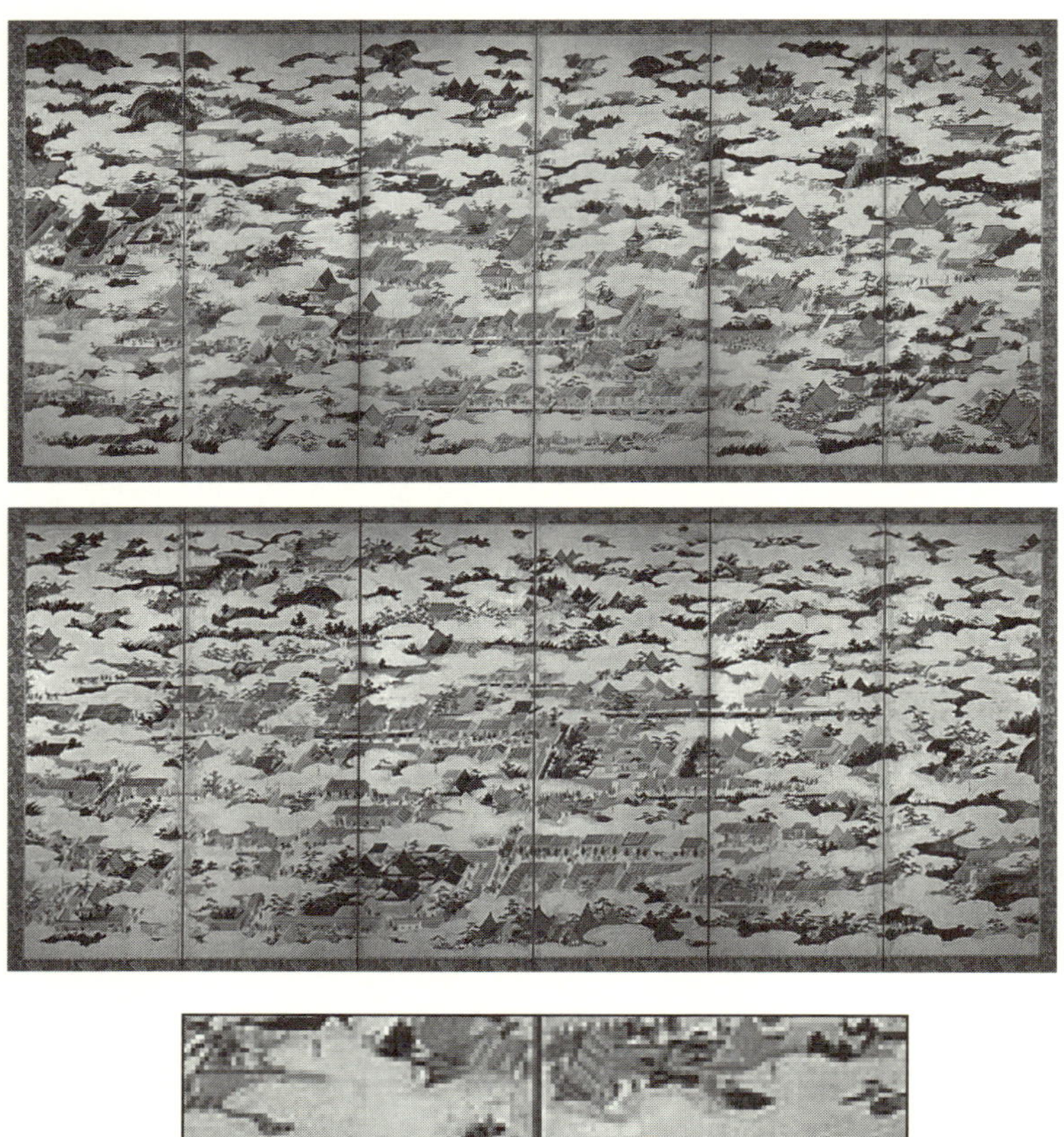

た。そして石山本願寺は、一五七〇年から一五八〇年にかけて、織田信長の猛攻を受けることとなった（大坂石山本願寺の戦い）。

ただここで大事なことは、応仁の乱後、古代以来の官僚制的支配秩序が崩壊し、無主・無縁の地になったのは、何も京都や堺や、一向一揆が盛んになった地域だけではなかったということであった。応仁の乱に戦い疲れ、やがて国元に引き上げていった多くの守護大名たちが、帰国と同時にその力を失っていった有様を見るとそのことがわかる。

自治・一揆は、全国至る所で、普遍的に生まれたのである。例えば、京都の南、南山城の久世・綴喜・相楽三郡では、応仁の乱が終わってもなお、跡目争いを続ける畠山義就と畠山政長に嫌気がさした国人領主と農民の代表が、一四八五年、宇治平等院に集まり「国中掟法」を定めて、両畠山の排除を決めるという事件が起きた。山城国一揆である。そしてその一揆は八年にわたって南山城一帯を支配した。また北陸の加賀では、同じく国人領主層と農民が、一四八八年、守護大名冨樫氏を追放し、実に百年に及ぶ自治を始めるという事件が起きた。加賀国一揆であった。

全国津々浦々で自治・一揆は起きた。

第三節　市民の誕生

応仁の乱がこの国に生んだのは自治であった。ではその自治は何を生んだのか。一つは、新たなタイプの公務員を生んだ。

先に述べたように、発生した時の公務員――ここまでは官僚と呼んできた存在――は、公僕という言葉があるように、主に農業に従事する奴隷に由来する人々であった。私人に隷属する奴隷ではなく、公（社会全体）に隷属する奴隷、それが公務員の起こりであった。アブラハムの子イサクの、そのまた子のヤコブの子のヨセフが、奴隷としてエジプト王（ファラオ）に仕えながら、やがて「宰相」の地位に上り詰めていく有様を思い出してほしい。

しかし自治の担い手としての公務員は違った。彼らは元が、自らの意思で生きる自由人であった。本書で用いてきた比喩で言うなら、ノアの末裔というよりは、カインの末裔であった。食料の確保という生きるために絶対に必要なことを他人（ノアの末裔）に任せ、自らは自由に個性と才能を伸ばして、分業社会を作り上げてきた人々の末裔であった。だから彼らは、好きでそうなったのではなく、「支配権に対する厖大な数に上る請求権」を山ほど抱えていながら、突然「支配権」が喪失したので、ばん止むを得ず、自ら公務に携わることを選択した人々であった。

だから、そもそも彼らは、フルタイムで働く公務員ではなかった。余暇を利用してパートタイムで働く公務員であった。故にその中核は、マックス・ヴェーバーが言ったところの、余暇を多く持つ人たちということになり、名望家であることが、公務員であることの条件になった。山城国一揆を指導した「三六人衆」も、堺の自治を担った「会合衆」も、共に地域を代表する名望家たちであった。

また彼らは「支配権に対する厖大な数に上る要求権」に応えてくれる「支配権」の喪失に困惑したから自治を行っただけで、自分たちの利益を超えたところに成り立つ、「悟り」という言葉から連想されるような特別に崇高な目的のために自治を行ったのではなかった。どこまでも目的は自らの利益の実現であった。故に、天皇であれ、将軍であれ、誰であれ、公を体現する誰かに僕として仕えることを、喜んで受け入れようとはしなかった。そこが奴隷・農民出自の従来の官僚とは違うところであった。

そして自らの利益に忠実であろうとするから、法一般にではなく、自らも参加する契約によって生み出された法にのみ従おうとする傾向をもつ公務員であった。契約により生み出された法への隷属は、自己への隷属であって、他者への隷属ではないからである。[120] だから多くの自治は、神仏を前に起請文を取り交わすことで、自らを縛る法を作った。起請文を焼き神水に浸して回し飲む一味神水などはそのための儀式であった。

公私が分離せず、名望家というに相応しい経済力をもち、自らが関わった契約にのみ忠実であろうとする存在、それが、自治が生み出した新たな公務員であった。現代風にいうと、「市民」であった。

確かに自治の中で公務に従事する人々の中には、この種の公務員ではない、別種の人たちもいた。先にも触れたが、ヴェーバーの指摘する「ポポロ Popolo」の構成員たちであった。言い換えれば、何らかの専門家として、自治団体に雇われ、自治団体のために働く人々であった。しかし彼らは公務員ではなかった。煎じ詰めれば、金銭によって雇われた、単なる被用人にすぎなかった。自治団体の決定による委任を受けた時にだけ、その自治団体を「代理」「代表」し得る存在であった。

江戸時代の京都には、町から給与の支払いを受けながら、町・町組――上京一二組・下京八組――を「代表」する立場に立ち、町政全般を取り仕切る、「町代」という名の人たちがいた。ところが、江戸時代も後半（文化・文政期）、果たして彼らが町・町組を代表して、町名主など町の名望家たちを支配下におくことが正当なのかどうなのかを問う裁判が、町衆の側から起こされた。一八一七年から翌年にかけて、全町組が結束してそれを京都町奉行所に訴え出た、「文政の町代改義一件」である。そしてその答えは、「町代」は町の使用人（被用人）にすぎないということであった。[121]「町代」の下には、都市行政に関わる様々な専門家集団が連なっていた。まさに彼らは「ポポロ Popolo」の長であった。しかしそれでも彼らは町の被用人にすぎなかったのである。

ではその新たな公務員＝市民の成立は何を変えたのだろうか。捕食という労苦から解き放たれたが故に、一人一人が自由にその個性的な才能を伸ばし、分業社会を構成する様々な職能を生み出してきたカインの末裔が、初めて公務員の列に加わったのである。官僚制を構成する人々の専門性が格段に高まり、官僚制が文字通りの合理的官僚制に発展していく可能性が開けた。

故に、自治を容認し、多くを自治に依存するようになった時、従来では考えられなかった規模での公務や公共事業の遂行が可能になった。堺の町衆の自治を容認し、豪商今井宗久や千利休に依存した織田信長や豊臣秀吉が、他の戦国大名を圧倒する鉄砲を中心とする軍事力を手に入れたのは、その一例であった。

徴税を、徴税吏を派遣するのではなく、村の自治に委ねた（村請制）結果、全国的規模での検地と、石高制年貢制度の確立が可能になった。

あるいは、町人に事業を委ねることで、大規模な新田開発が、各地で行われるようになり、三千万人の人口を扶養するのに必要な、三千万石の米を確保が可能になった。

また新田開発同様、町人たちの協力を得ることで、大規模な土木事業を伴う城下町建設が、各地で一斉に進んだ。城下町大坂の建設では、水抜き運河の建設に安井道頓が活躍し、近世都市京都の建設では、市内と淀川沿いの伏見を結ぶ運河・高瀬川の開鑿や、丹波から京都への物資輸送を容易にする保津峡の開鑿に、角倉了以が活躍した。江戸や大坂を見ればわかるように、近世城下町の建設は大抵の場合、防御に適した地を選んでというよりは、低湿地や荒地を選んで行われたので、それには大規模土木事業が必要だった。

第四節　信長・秀吉・家康

そして自治を制する者は国を制するという状況が生まれた。では、応仁の乱で一旦瓦解した国家の再建に挑む者は、如何にして乱後止むを得ず生まれた自治を、その権力基盤に組み入れたのだろうか。そこでもう一度、自治の内部に巣くう「ポポロ Popolo」なるものについて、マックス・ヴェーバーの定義を見ておこう。

イタリアのポポロ Popolo は、単なる経済的概念ではなく、一つの政治的概念である。すなわち、それは、コムーネの内部の一つの政治的な特殊ゲマインデであり、それ自身の官吏と、その自身の財政と、それ自身の軍事組織とを備えていた。それは語の最も本来的な意味における国家内の国家であり、最初の・完全に意識的に非正当的で革命的な政治団体であった。

それ自身の財政と軍事組織まで備えた、種々の専門家を束ねる集団、それが「ポポロ Popolo」であった。戦乱の世、多くの牢人たちがこの「ポポロ Popolo」に流れ込んでいた。それはイタリアでも日本でも同じであった。だから自治を構成する新たなタイプの公務員＝市民たちにとって、一番の気掛かりは、実は、本来は被用人にすぎないはずのこの「ポポロ Popolo」（専門家集団）が、名望家支配に不満を抱く貧困層と結びついて、自治の乗っ取りを図ることであった。

だから彼らは、必要に応じて「ポポロ Popolo」を使いはするが、逆にその自立・暴走は抑えたい人々であった。だから京都の町衆にしても、堺の町衆にしても、織田信長から「矢銭」の拠出と引き換えに、治安維持の申し出があった時、ほとんど抵抗感なくそれを受け入れたのである。むしろ信長に抵抗することで起こる、「ポポロ Popolo」の暴走の方を恐れたのである。一五六八年、自治都市堺が、上洛直後の信長から二万貫の「矢銭」を要求された時、「ポポロ Popolo」を構成する人々（要は牢人たち）は、信長に対する徹底抗戦を叫んだが、会合衆の中心今井宗久は、ひそかに信長と会い、妥協の道を探った。

ということは、自治とそれを支える新たな公務員＝市民を、国家再建の基盤に組み入れようとすれば、まず行わなくてはならなかったのは、自治が抱える「ポポロ Popolo」に、自らの家臣団を置き換えることであった。それが信長のいう「天下布武」であった。日蓮宗や一向宗が自治や一揆に供給する人材に、それを置き換えることによって、市民たちの安心をかい、自治との共生関係を築き上げることであった。最初の上洛をはたした信長が、京都奉行に、羽柴（豊臣）秀吉や明智光秀ら気鋭の武将を任じたのも、そのためであった。また、だから信長は、比叡山延暦寺や一向宗などの宗教勢力と激しく争いもしたし、対抗上、自ら神になろうともしたのである。[122]

ただ、自治が抱える「ポポロ Popolo」は有能で、強力だった。例えば徳川家康の家臣に伊奈（半左衛門）忠次という人物がいる。家康の江戸入城後、利根川や荒川の付け替え工事を指揮し、徳川幕府の財政的・経済的基盤を築き上げた能吏であった。しかしその彼も、若き日には、父忠家と共に三河国の一向一揆に加担し、家康の元を去った武士の一人であった。日蓮宗や一向宗が供給する「ポポロ Popolo」には、かかる有能な人材が多数含まれていた。大坂石山本願寺の戦いで、雑賀の鉄砲衆を率いて信長を苦しめ、信長に鉄砲傷まで負わせた雑賀（鈴木）孫一なども、その一人であった。一五七五年の長篠の合戦における鉄砲の大量使用（一説による三千挺）という信長の用兵も、雑賀鉄砲衆との長きにわたる死闘がなければ得られなかったものであった。

だから信長・秀吉・家康にしても、他の戦国大名にしても「ポポロ Popolo」と対抗可能な家臣団を作りあげるためには、人材登用に努め、その徹底した合理化、専門化を図るしかなかった。信長による、長槍集団戦の採用や、鉄砲の大量同時使用も、そうした努力の賜物であった。そして彼らは、戦争を繰り返すことによって、その合理化、専門化を徹底させていったのである。だから文禄・慶長の役（一五九二～一五九八年）で一敗地に塗れるまで、彼らは戦い続けなくてはならなかったのである。

そして次に行わなくてはならなかったのは、国家の法制度を、その新たな公務員＝市民たちの自治と抵触しない形で作り上げることであった。そのためには、如何なる法の効力も人々の自治を侵害しない範囲に止めなくてはならなかった。だから、信長・秀吉・家康は、それぞれの身分に境界を設けた。兵農分離を行い、農商分離を行い、士・農・工・商を居住区域まで分けた。そしてあらゆる法は、基本的に同一身分内でしか通用しない、人々の契約法として創出した。先にも述べたように、その新たな公務員＝市民は、自らが契約し、制定に関与した法にしか従わない。けだし、同じ法への隷属であっても、契約によって生み出された法への隷属は、自己への隷属であって、他者への隷属ではないからである。この新たな公務員＝市民たちの帯びる性癖に、法制度の方を合わせなくてはならなかった。一部だけをそのように作ることはできなかったからである。

大坂夏の陣が終わり「元和偃武」が宣言された時（一六一五年）、徳川幕府は二代将軍秀忠の名において、次の武家諸法度を制定したが、これこそがその契約法の典型であった。

一　文武弓馬ノ道、専ラ相嗜ムヘキ事。

一　群飲佚游ヲ制スヘキ事。

一　法度ヲ背ク輩、国々ニ隠シ置クヘカラサル事。

一　国々ノ大名、小名并ヒニ諸給人ハ、各々相抱ウルノ士卒、反逆ヲナシ殺害ノ告有ラバ、速ヤカニ追出スヘキ事。

一　自今以後、国人ノ外、他国ノ者ヲ交置スヘカラサル事。

一　諸国ノ居城、修補ヲナスト雖、必ス言上スヘシ。況ンヤ新儀ノ構営堅ク停止セシムル事。

一　隣国ノ於テ新儀ヲ企テ徒党ヲ結フ者之バ、早速ニ言上致スヘキ事。

一　私ニ婚姻を締フヘカラサル事。

一　諸大名参勤作法ノ事。

一　衣装ノ品、混雑スヘカラサル事。

一　雑人、恣ニ乗輿スヘカラサル事。
一　諸国ノ諸侍、倹約ヲ用イラルヘキ事。
一　国主ハ政務ノ器用ヲ撰フヘキ事。

特色は三つ。将軍の代替わりごとに出される法であったこと。原則として大名（万石以上）のみを対象とする法であったこと。冒頭二条にあるように、禁制というよりは、むしろ心得といった方がいい法であったこと、であった。将軍という具体的人格の介在があって初めて成り立つ法であり、かつメンバーシップが限定された法であった点において、契約法に分類されていい法であった。

自治法と同じ法形式で、国家の根本法も制定されていたことがわかる。もう一度繰り返すが、将軍の代替わりごとに制定されたということは、将軍と諸大名の契約が法の根底（法源）に据えられていたことを意味していたし、大名（万石以上）に対してのみ有効であったということは、それが根本的には、その契約に関わった者たちの内部規律であったことを意味していた。そして心得に近いというのは、契約法なればこその特色であった。

当然、新たな公務員＝市民たちも、神仏の前で起請文を取り交わすかどうかは別として、引き続き契約・誓約によって自らを規律する法を作り続けた。例えば京都市中京区寺町御池下本能寺前町には、中世末から近世初頭にかけて、次のような名の法の制定が伝えられている。

文禄三（一五九四）年七月一五日　　町中諸法度連判状并二通

文禄四（一五九五）年一一月吉日　老御改之時町中起請文
元和六（一六二〇）年九月五日　町中諸法度連判状
寛永一一（一六三四）年二月一六日　町中申合事連判状[123]

全てが誓約・契約（連判・起請）によって作られ、誓約・契約者（町中）に対してのみ有効な法であった。しかも一部には、武家諸法度同様「法度」の名が冠せられていた。そして彼らがあえて身分の境界を超えて統治集団の命令に従う場合には、「板倉周防守様御触書」を「町中連判状[124]」を以て「請ける」という形式をとり、命令を自らの規則に読み替える仕組みをもっていた。まさに自治法の世界を形作っていたのである。

かくて、国家全体が、さまざまな身分集団の自治の集積であるかの如く見える国家制度を形作ることによって、国家再建は果たされたのである。

但し、さまざまな身分集団の自治と自治がただより集まり、それぞれの身分＝職能に応じた社会的役割を果たすだけで、国家が国家として機能すると考えるのは、やはり牧歌的であった。実質はなくても、やはり国家にはその中枢を占める官僚制が必要であったし、そのことを忘却させないためのイデオロギー装置が必要であった。実態は身分集団自治の単なる寄せ集めであっても、それを官僚制的に擬装するイデオロギー装置が必要であった。

ではそのイデオロギー装置になり得たものは何か。一つは形骸化しながらも応仁の乱までは残っていた、古代官僚制の残像であった。だから織田信長にしても、豊臣秀吉にしても、自らの地位を表すのに、古代官僚制的な官位・官職を積極的に利用した。その最たるものが、秀吉の太政大臣、関白への就任であった。徳川幕府が、武家諸法度と同時に禁中並公家諸法度を制定し、古代官僚制の保護・温存を図ったのもそれ故であった。古代官僚制自体を、何百年官司を請け負ってきた家々の自治団体として作らせたのである。

そして今一つは、その温存した古代官僚制が、再び武士などの猟位・猟官運動に晒され、今度こそ消滅してしまわないために、武士の王権と公家の王権の分離を、源頼朝の故知にならって行った。徳川家康が、就任儀礼まで頼朝に倣い、征夷大将軍に就任したのである。徳川幕府が将軍制をとったのである。

第五節　儒教の時代、そして鎖国

さてこうして見てくると、自治が生み出した新たな公務員＝市民を基盤に国家再建を図ろうとした人たちは、戦国大名であれ、信長・秀吉・家康のような天下人であれ、全くベクトルの異なる二つのことを同時に行わなくてはならなかった。一方で彼らは、家臣団を徹底的に合理化・専門化し、強力な統治(軍事)集団に鍛え上げなくてはならなかった。自治の抱える「ポポロ Popolo」に、それを置き換えるためであった。「天下布武」にはそれが必要だった。しかしもう一方では、それを、たとえ統治集団ではあっても、相互の契約・誓約によって規律が保たれる、自治集団に作り替えなくてはならなかった。そしてそれは矛盾していた。

ここでもマックス・ヴェーバーを引き合いに出すが、彼はカリスマについて次のように述べている。

「カリスマ」とは、非日常的なものとみなされた（中略）ある人物の資質をいう。この資質の故に、彼は、超自然的または超人間的または少なくとも特殊非日常的な・誰でもがもちうるとはいえないような力や性質を恵まれていると評価され、あるいは神から遣わされたものとして、あるいは模範的として、またそれ故に「指導者」として評価されることになる。当該の資質が、何らかの倫理的・美的またはその他の観点からするとき、「客観的に」正しいと評価されるであろうかどうかは、いうまでもなく、この場合、概念にとっては全くどうでもよいことである。[125]

家臣団を、合理化・専門化し、強力な統治集団に鍛え上げていくのは、この君主の持つカリスマであった。だから信長が神になろうとしても、『日本史』の著者ルイス・フロイスは驚いても、普通の日本人はさほど驚かなかったと思われる。

ただ君主の持つカリスマは、個々の家臣の自立性を奪う方向には働いても、それを育てる方向には働かない。だから信長や秀吉や家康の下では、多くの武士たちを所領から切り離し、都市生活者に変える兵農分離のようなことも行い得たし、大名の所領を没収したり、変更したりする改易や転封も、当たり前のように行えた。

しかし、国家やその部分である「藩」を、それを構成する武士たちの自治集団に変えていくためには、ベクトルを逆にする必要があった。あらゆるレベルにおいて、武士たちの自立性を高める方向を目指さなくてはならなくなったのである。自立的でない者に、自治は作れないからである。町村の自治を支える新たな公務員＝市民が、自らの経営で生き、余暇で公務に携わる、公私未分離の存在であったことを、今一度想起してほしい。自らの経営で生きるという部分が、彼らの自立性を保証していた。

では武士たちの自立性を高めるためにはどうしたら良かったのか。武士たちを、より上位の家（大名家）の家中であるだけでなく、自らの家を持ち、形だけでも、自らの所領からの収入で生きる存在にすることが必要であった。実際は村請制を通じて集められた年貢を、大名の米蔵から受け取る存在ではあっても、そう装うことが大事であった。だから江戸時代になると、戦国時代には一般化していた、大名による統一的な財政運営に適した貫高制（金納）年貢が姿を消し、石高制（米納）に切り替えられていったのである。米の状態の年貢なら、一度は大名の米蔵を経由して手に入った年貢でも、領民から直接徴収した年貢に読み替えやすくなるからであった。

またたから、自らの家に対する忠誠（孝）と、主君の家に対する忠誠（忠）が相矛盾した時には、自らの家に対する忠誠（孝）を優先することを是とするイデオロギーが流布された。儒教が支配イデオロギーとなった。忠・孝が並び立たない時には、孝が優先するのが儒教の考え方であった。

だから国家は、藩祖池田光政を祀る岡山藩の藩主と、藩祖前田利家を祀る加賀藩の藩主と、藩祖伊達政宗を祀る仙台藩の藩主と……が、神君徳川家康（東照大権現）を祀る将軍を中心に契約をとり結ぶことで成り立つ団体、「公儀」として認識された。またその契約（そのための対話）を実態化するために、参勤交代が重視された。そして当然個々の大名家もまた、家臣たちとの関係において、同じ構造をとった。だから大名家を「公儀」、幕府を「大公儀」と呼ぶ場合もあった。

あるいはまた、全ての武士が、忠を尽くすべき主君の家と、孝を尽くすべき自らの家の二つの家に所属するということになれば、全ての武士が、実は「私」を持つということになる。自らの経営によって生き、余暇を利用して公務に携わる、自治の担い手としての新たな公務員＝市民と、形の上では同じになる。ならば道徳的にも「私」の肯定が必要になった。その点でも、儒教が支配イデオロギーとしての役割を果たした。

例えば山鹿素行は、次のように述べ、「人情を矯むる」「禅仏の教」と「情を直にして径ちに行なふ」「老荘の行」を共に「異端」として否定し、

> 人情を矯むると情を直くして径ちに行なふとの両端に在るなり。人情を矯むるは禅仏の教なり。情を直くして径ちに行なふは、老荘の行にして、その教互に相用ひ来る。いはゆる人情を矯むるは、人をして死灰槁木（枯れ木）のごとくならしめ、自然の倫を絶たしめ、天性の知を失はしむるなり。情を直くして径ちに行なふは、放逸流蕩して天年を終へんと欲するなり。[126]

「潔白無欲」を目指すのではなく、「欲を節にし利を正す」の「聖人の学」にこそ従うべしとした。「凡そ利に大小あり広狭あり、君子の利は大にして広し、小人の利は小にして狭し」[127]と前置きした上で、人欲肯定論を展開した。

また近世儒学の祖、藤原惺窩も、人の喜怒哀楽を無闇に否定したり、野放図に放任したりするのが「道」ではない。故に釈迦と老子の道は「道」ではない。人の「喜・怒・哀・楽」を肯定し、その上で、それに「古今不易」の「人倫」――「父子有親、君臣有義、夫婦有別、兄弟有序、朋友有信」――に沿って「節」

を与えるのが「道」[128]だとし、自らの過ぎ越し方を振り返って「我、久しく釈氏に従事す。しかれども心に疑ひあり。聖賢の書を読みて、信じて疑はず。道、果してここにあり、あに人倫の外ならんや。釈氏は既に仁種を絶ち、また義理を滅ぼす。これ異端なる所以なり」[129]と、人欲肯定論を展開した。

かくて、武士たちの主君に対する自立性を高めるための措置が様々に講じられた。しかしそれは、家臣団の合理化・専門化には逆行した。武士には、商工業者や農民と異なり、営利を追求するという「私」に生きるための強い動機がない。半ば「私」に生きることによって武士たちは、合理化・専門化へのインセンティブを失ってしまったからであった。

典型的には鉄砲技術の停滞があった。戦国時代の日本は、世界有数の鉄砲大国であった。技術開発も進んでいた。しかし江戸時代の二百数十年、その技術は一ミリたりとも進化しなかった。一六一四年の大坂冬の陣の時には、イギリスから輸入した大砲（ウィリアム・アダムス＝三浦按針が仲介）に交えて、国産の大砲（堺産・国友産）も投入し、幕府軍は大坂城に大打撃を与えた。しかし一六三七年の島原の乱（原城攻撃）の時には、海上からの大砲による砲撃は、全てオランダ船に頼ってしまったのである。そして幕末、ペリー艦隊が来航した時、艦隊の威嚇射撃に度肝を抜かれなくてはならなくなっていたのである。

しかも自治団体としての武士身分の統治能力の低下は、思わぬ影響を社会に与えることになった。統治能力が低下すれば、イタリア中世諸都市や、応仁の乱後の日本に自治をもたらした「支配権に対する厖大な数に上る要求権」の方を減少させざるを得なくなった。ひたすら社会に節倹を求めるしかなくなったのである。

「総ジテ天地ノ間ニ万物ノ生ズルコト各其限リ」あり、故に「上タル人ノ身ヲ高ブリテ下ヲ賤ム」ことのように誤解されがちだが、「衣服・食物・家居ニ至ル迄、貴人ニハ良物ヲ用ヒサセ、賤人ニハ悪モノヲ用ヒサスル様ニ制度ヲ立[130]」てなければ、総需要が総供給（生産力）を超えてしまい、社会が立ち行かなくなってしまう。故に身分制は必要だとの論理が社会を覆い尽くしてしまったのである。

そして人々に節倹を強いることが、統治の代名詞になっていった。一六四九年にはそのための慶安の御触書が出され、江戸の三大改革と呼ばれる享保の改革・寛政の改革・天保の改革には、何も倹約令が伴う改革となった。本来、人欲解放の論理であったはずの儒学も、いつしか人欲抑制の論理に転化してしまった。後でも触れる水戸学者藤田幽谷らの儒教批判は、その点を的確についていた。

では人々に節倹を強いる最良の方法は、そもそも人が何かを欲すること自体をなくすことであった。欲望そのものを封殺することであった。貿易を統制し、海外情報の流入を防ぐ、鎖国という政策が、そこから生まれた。一番の目的は情報遮断であった。

近代へ

公を体現し得る一人の絶対者の創出のために

第一節　人材登用論の課題

先程も触れたが、五代将軍綱吉と八代将軍吉宗に重用された、一七世紀末から一八世紀前半にかけての思想家、荻生徂徠は、身分制（節倹）の必要性について、次のように述べていた。「総ジテ天地ノ間ニ万物ノ生ズルコト各其限リ」あり、故に「上タル人ノ身ヲ高ブリテ下ヲ賤ム」ことのように誤解されがちだが、「衣服・食物・家居ニ至ル迄、貴人ニハ良物ヲ用ヒサセ、賤人ニハ悪モノヲ用ヒサスル様ニ制度ヲ立てなければ、総需要が総供給（生産力）を超えてしまい、社会が立ち行かなくなってしまうから、と。

それに対して、幕末・維新期に、越前藩主松平慶永に仕え、活躍した思想家横井小楠は、身分制を立てることの不当性を次のように説いた。

太平が長く続き、人々の生活がどんどん贅沢になっていく中にあっても「大節倹を行ふて衣食住を初不益を省き有用を足す事」など、決して命じてはならない。もしそのようなことを命じようものなら、それが客観的にいってどれほど正しく、ものの需要と供給のバランスを考えた、賢明な施策ではあっても、「奢侈已に気習となつて」しまった人々にとっては受け入れ難く、たちまち何か「困難苛酷の新法」でも出したかのような混乱を社会にひきおこしてしまう。だから人に「大節倹」を求める政策など、絶対にとってはならない。もし社会に安定をもたらそうと思うのなら、むしろ「奢侈已に気習となつて」しまった人々の満足を買うことこそ第一にしなくてはならない。ではどうすればいいのか。進んで開国し、富国強兵を図るしかない、と。[131]

徂徠は身分制の必要を説き、小楠はそれを維持することの困難を語った。では二人の間に横たわる一五〇年の間に、何が変わったのか。

徂徠は自らの目の前に存在する統治集団の実態について、次のように述べていた。「代々大禄・高官ナル故、生ナガラノ上人ニテ、何ノ難儀ヲモセネバ、才智ノ可生様ナ」く、「位高ク下ト隔リタレバ、下ノ情ニ疎ク、家来ニ誉ソヤサレテ育タル故、智恵モナ[132]」し、と。これ以上はないと思われる程の、こき下ろしようである。

とはいっても徂徠は、その現状を是としていたわけではなかった。彼は、本来あるべき人材登用のあり方についても述べていた。「徳なる者は得なり。人おのおの道に得る所あるを謂ふなり。或いはこれを性に得、或いはこれを学に得。みな性を以て殊なり。性は人人殊なり。故に徳もまた人人殊なり」、故に「おのおのその性の近き所に随ひ、養ひて以てその徳を成す。徳立ちて材成り、然るのちこれを官にす[133]」べしと。天与のものであれ、学習によって得られた後天的なものであれ、人にはそれぞれに備わった特殊な才能がある。その才能を見抜き、人材は登用すべしと述べていたのである。人の専門を重んじる人材登用論であった。

しかし彼は同時に、先に述べたような身分集団としての統治集団の一員であった。その集団が、時と共に統治能力を減衰させていく必然を、百も承知していた。従ってその実現が如何に困難であるかも熟知していた。だからとりあえずは目の前の統治集団の現状を前提に、人々の欲望の総和が、「天地ノ間ニ生ズル」「万物」の限界を越え出てしまうことを恐れなくてはならなかったのである。

しかし、一九世紀の半ばともなると、状況は一変していた。横井小楠同様の富国強兵論は多くの識者が語るところとなり、徂徠が理想とした人材登用論は、既に人材登用論の常識になっていた。

例えば水戸学（後期）の祖藤田幽谷は、「古よりまさに大いになすあらんとするの君は、必ず功を立て利を興して、以て子孫の業を貽し、当世の名をなさんと欲す。しかるに後世の儒者は、徒らに道徳仁義を談じて、功利を諱み、富国強兵は、黜けて覇術となす」とした上で、「正徳」よりも「利用・厚生」を先にすべきこと、即ち「兵を足し、食を足し、民をしてこれを信ぜしむるを以て」政治の要諦とし、それを実現する手段として「六府・三事」[134]の確立をあげていた。ちなみに「六府・三事」とは、専門に分課した政治、分課の制のことであった。

藤田幽谷と言えば寛政改革期に活躍した人物である。しかも（後期）水戸学の祖として、会沢安などと共に、全国の尊王論者たちに、多大の影響を与えた人物でもあった。ということは一八世紀末から一九世紀初頭の段階において、徂徠が構想した専門に沿った人材登用論は、既に常識になりつつあったことがわかる。ましていわんや、横井小楠が活躍した一九世紀半ばにおいておや、ということになる。

だから、人々の欲望の総和と、「天地ノ間ニ」「生ズル」「万物」の限界の調整を、「大節倹」を行うことによってではなく、「進んで開国し、富国強兵を図る」ことによって行うこともできたのである。

ただそこで問題は、専門に即して人材を登用し、「六府・三事」の制（分課の制）を確立しようとした時、それは歴史上、一度失敗したことの繰り返しになりかねないということであった。実は「六府・三事」の制は一度古代官僚制（二官八省の制）として確立していた。しかも見てきたように、何百年もの歳月をかけて、それは確立していた。律令官僚制はその完成形態であった。当然それにおいても、原則としては、専門に基づく人材登用が行われていた。しかしそれは、やがて官職の家職化（官司請負制の発達）につながり、弱体化し、崩壊していったのである。そして応仁の乱の悲劇が襲った。その失敗を繰り返してはならなかったのである。ではどうすればその失敗を繰り返さなくてもすむか。

そもそもその失敗の最大の原因は、官僚が公僕として隷属する対象となり得る、神と一体化した、公を一身に体現し得る絶対者の創出に失敗したことであった。天皇も「知識」の一人と考えて進められた、聖武天皇の盧舎那仏造立計画以降、人界に突出した一人を見出すことができなくなってしまったからであった。聖徳太子は二度と生まれない思想状況が生まれてしまったからであった。見てきたように、その思想状況の創出には、最澄や空海も深く関与していた。

ということは、今度失敗しないためには、何をしてでも、公を体現し得る一人の絶対者を生まなくてはならなかった。では、万人平等の観念が定着し、しかも応仁の乱後、市民の自治を土台に組み立てられた社会であることを前提にしながら、どうすればそれが生めるのか。その問いに答えを出したのが荻生徂徠であり、本居宣長であった。

第二節　徂徠と宣長

その絶対者は如何にすれば創出できるのか。徂徠の答えから見ていこう。

彼はまず次のように述べ、中国古代の聖人を、聖人という語から連想される超越的な存在ではなく、多少は優れていても、「聖人の道」の全てに通じているわけではない、普通の人だとした。

伏羲・神農・黄帝もまた聖人なり。その作為する所は、なほかつ利用厚生の道に止る。顓頊・帝嚳を歴て、堯・舜に至り、しかるのち礼楽始めて立つ。夏・殷・周よりしてのち燦然として始めて備る。これ数千年を更、数聖人の心力知巧を更て成る者にして、また一聖人一生の力の能く弁ずる所の者に非ず。故に孔子といへどもまた学んでしかるのち知る。[135]

従って「聖人の道」とは、釈迦やキリストのような超越者が作り出した「道」ではなく、普通の人が、成功と失敗を重ねながら、何千年の歳月をかけてつくり上げた、「古の輿論」とでも言うべき「道」だとした。そして、だからこそそれは、「その大なるがため」に「知り難く、また言ひ難き[136]」「道」だとしたのである。孔子のような天才でさえ、その「道」に習うことなしには何一つ知り得なかった、偉大な「道」だとしたのである。

しかもその「道」が『六経』（詩・書・礼・楽・易・春秋）に書き記され、現代にまで伝えられていることが大事だとした。書き記され、読み継がれているということは、その輿論が、形成された「古」においてだけでなく、今に至るもなお有効な輿論だということになるからである。ならば当然のこととして、その権威は、昨日・今日形作られた輿論を凌駕する。特別な輿論となる。

徂徠は、「聖人の道」をあえて「古の輿論」に読み替えることによって、それを輿論の頂点に置き、絶対化したのである。絶対的なるものを人にではなく、残存する言説（歴史）に求めたのである。

そして儒者である自らの課題を、「古の輿論」の正確な読み解きだとした。だから彼は『六経』の古代中国語による読解に努め——故に古文辞学派と呼ばれた——、子思（孔子の孫で中庸の作者とされる）や孟子（子思の流れを汲む儒者）以降の「後世の儒者」たちが、『六経』に依るのではなく、「おのおの見る所を道」として語った『論語』・『大学』・『中庸』・『孟子』（四書）などは、所詮は「みな一端[137]」と、切り捨てたのである。ましていわんや後世も後世、宋代に朱子（朱熹）の打ち立てた朱子学などに対しては、一顧だにしない姿勢をとったのである。

そしてこの徂徠のものの見方・考え方を、そっくりそのまま踏襲したのが、本居宣長であった。彼もまた次のように述べ、「神」を単なる「昔の人」に読み替えた。徂徠が聖人を、優れてはいるが普通の人に読み替えたのと同じことを行なった。

> 神世とは、人代と別て云称なり、其はいと上代の人は、凡て皆神なりし故に然言り、さて何時までの人は神にて、何時より以来の人は神ならずと云、きはやかなる差はなき故に、万葉の歌どもなどにも、たゞ古を広く神代と云り、然れども事を分て云ときは、鵜葺草葺不合命までを神代とし、白檮原（神武）朝より以来を人代とす、[138]

したがって、人に貴賤、強弱、善悪があるように、神にも「貴きもあり賤きもあり、強きもあり弱きもあり、善きもあり悪きもあり[139]」とした。

では何のためにそうしたのか。これも徂徠と同じであった。「古の道」を、その貴賤、強弱、善悪のある神々の、即ち「昔の人」たちの、長年かけて積み重ねてきた「古の輿論」に読み替えるためであった。「古の道」を、「古の輿論」なるが故に「いとも〳〵妙に奇しく、霊(あや)しき」「天地のことわり[140]」として、絶対化するためであった。

そして徂徠が、『六経』の後の世まで読み継がれたことを以て「古の輿論」の現代における有効性を証明したように、宣長も、『古事記』の読み継がれを以て、「古の道」の現代における有効性を証明したのである。

ただ、それを行うにあたって、宣長は、徂徠ならば背負わなくてもよかった課題を一つ余分に背負った。『六経』が古代中国の姿をありのまま写しとった書であることは、一応自明であるとして、『古事記』が古代日本の姿をありのままに写しとった書であることは、必ずしも自明ではないからであった。というのも、『古事記』は『六経』と違い、もともと文字を持たなかった日本人が、漢字を受け入れて、文字を持つようになってから後に、人が神であった時代よりは遥かに後世になってから、口承伝承をもとに書かれた歴史書にすぎないからであった。それが、本当に人が神であった時代のことを正確に伝えているかどうかには、はなはだ疑問が残るからであった。

そこで宣長には、『古事記』が『六経』と同様、古代日本の姿をありのままに写しとった書物であることを証明する義務が生じた。徂徠には生じなかった義務である。だから彼は、その生涯を『古事記』研究に捧げ、その注釈書『古事記伝』四四巻を執筆したのである。

そして彼は、次の如く、『古事記』が「もはら漢に似るを旨として、其文章をかざれる」――ひたすら中国風に書くことに意を用いた――『日本書紀』とは異なり、「たゞ古の語言を失はぬを主と」し、「いさゝかもさかしらを加へずて、古より云伝たるまゝに記された」書物であることを、実証してみせたのである。

抑意と事と言とは、みな相称(カナ)へる物にして、上代は、意も事も言も上代、後代は、意も事も言も後代、漢国は、意も事も言も漢国なるを、書紀は、後代の意をもて、上代の事を記し、漢国の言を以、皇国の意を記されたる故に、あひかなはざること多かるを、此記は、いさゝかもさかしらを加へずて、古より云伝たるまゝに記されたれば、その意も事も言も相称て、皆上代の実なり、是もはら古の語言を主としたるが故ぞかし、[141]

かくて、徂徠が『六経』の伝える「聖人の道」（先王制作の道）を「古の輿論」として絶対化したのと同様、宣長もまた、神々が作った「古の道」を「古の輿論」として絶対化したのである。

ではこのようにして絶対化された「古の輿論」とは、如何なる絶対者だったのか。絶対者の不在を前提にした絶対者であった。聖人もただの人、神も単なる「昔の人」という前提に立つのだからそうなる。述べてきたようにこの国では神の代理であれ、覚者であれ、絶対者がいなくなって久しいが、そういった国に相応しい絶対者であった。しかもノアの末裔のみならず、カインの末裔（種々の専門家）をも拘束し、従わせることのできる絶対者であった。

そこで少し脇道にそれて眺めておきたいのは。ルソーの「一般意志」という概念である。

事実、もし先にあるべき約束ができていなかったとすれば、選挙が全員一致でないかぎり、少数者は多数者の選択に従わなければならぬなどという義務は、一体どこにあるのだろう？　主人をほしいとおもう百人の人が、主人などほしいとおもわない十人の人に代って票決する権利は、いったいどこから出てくるのだ？ 多数決の法則は、それ自身、約束によってうちたてられたものであり、また少なくとも一度だけは、全員一致があったことを前提とするものである。[142]

これは『社会契約論』からの引用であるが、ここで、ルソーは「多数決の法則」でさえ絶対ではない、少数は多数に従うべしということが、「全員一致」の「約束」＝「一般意志」として予め決められているときにだけ、それは有効であると、述べている。この「一般意志」の役割を、徂徠や宣長は「古の輿論」に託したのである。

そこで想起すべきは、応仁の乱後誕生した自治の担い手、即ち新しい公務員＝市民の志向性である。彼らは、法一般には従わないが、自らがその形成に関わった契約・誓約に基づく法には従う。だから何かあると起請文の形式を踏んで、法を作った。ということは、契約・誓約の積み重ねが輿論だとすれば、この国には、応仁の乱後、輿論を以て最高規範とする考え方が、ようやく定着し始めていたことになる。

ただ輿論はその属性として——そして我々が日々経験しているように——、不定形であり、必ずしも正しいとは限らない。それに最高規範としての拘束力を与えようというのであれば、ルソーのいう「一般意志」のように、その必ずしも正しくはない輿論に正しさを与える、特別な輿論の存在が必要になる。それに則っていさえすれば、悪法もまた法にすることのできる輿論である。その特別な輿論が「古の輿論」だったのである。そしてそれは、言い方を変えれば、絶対者なき時代の絶対者、主権であった。

第三節　水戸学と篤胤学

ただ「古の輿論」は、「聖人の道」であれ「古の道」であれ、人ではなかった。当然それは人によって代弁されなくてはならなかった。そこでその代弁者の創出に大きな役割を果したのが、水戸学（後期）であり、宣長の死後門人平田篤胤の学（平田派国学）であった。ではそれらはどのような考え方の学だったのか。

まず水戸学であるが、それは、そもそも天皇の権威の源泉を次のようにとらえる考え方であった。

帝王の恃んで以て四海を保ちて、久しく安く長く治まり、天下動揺せざるところのものは、万民を畏服し、一世を把持するの謂にあらずして、億兆心を一にして、皆その上に親しみて離るるに忍びざるの実こそ、誠に恃むべきなり。[143]

天皇が長くその統治を保ちえたのは、歴代天皇に「万民を畏服し、一世を把持する」力が備わっていたからではない。逆である。国民の側に、天皇への「親しみ」と、その統治を捨て難く思う気持ちがあり続けてきたからだと。あるいは「八洲の広き、兆民の衆き、絶倫の力、高世の智ありといへども」[144]、長い歴史の中で誰一人として、天皇に取って代わろうとする者が現れなかったからだと。即ち、万世一系天皇の存在を、過去一度も途絶えることなく続いてきた国民の天皇への親しみ・支持の賜物と捉える考え方であった。だとすれば天皇こそが、現代まで継承されてきた「古の輿論」の結晶ということになる。万世一系天皇こそが「古の輿論」の代弁者ということになるのである。

次いで篤胤学であるが、世界は、最初は「一物」であったが、タカミムスビの発する巨大な運動エネルギーの作用を受けると、天と地と黄泉（ヨミ）に分かれ、やがて相互に通行ができなくなっていった。とりわけ地と黄泉の間の通行は難しくなり、大国主命が「根の堅洲国」からこの世に戻ったのが最後で、以後全く通行できなくなってしまった。かく記紀を根拠に世界の生成を語り、故に人は死んでも黄泉(あの世)には行けない、この世の一角「幽冥界」にとどまり続けるしかないとしたのが篤胤の考え方であった。

ではそう考えることで、彼は何をしたのか。生者と死者の対話を可能にしたのである。生者も、墓や神社に行けば、死者に会えるとしたのである。ということは、もしこの国の始まりから、つい最近までに死んだ、全ての死者を祀る者がいたとすれば、その者は、まさに古に形成され、現代にまで有効な「古の輿論」を、死者自身の口から聞き取ることができることになる。「古の輿論」の代弁者になれるのである。[145]

ではそのような者はいるのか。いうまでもなく祭祀王としての天皇がいる。だから明治維新後になると、宮中には、アマテラスを祀る賢所と、歴代天皇を祀る皇霊殿と、全ての国民の祖先である八百万神を祀る神殿が置かれ、天皇は日々その三殿に奉仕することになったのである。

故に篤胤学に沿っても、「古の輿論」の代弁者は天皇であった。

かくて徂徠や宣長の段階では、「古の輿論」という抽象的な存在でしかなかった絶対者が、一九世紀になると、水戸学や篤胤学の影響で、明瞭に天皇という姿態をまとうようになっていった。その結果、当然、専門的能力重視の人材登用を求め、官僚制(「六府・三事」)の確立をテコに、富国強兵を目指す多くの人たちは尊王論者へと変身していった。名うての尊王論者として知られた水戸藩主徳川斉昭が水戸城内に作った弘道館が、その発信源となった。会沢安の『新論』がバイブルのようにして読まれた。

そして、そうなると、天皇と天皇を取り巻く環境も、水戸学や篤胤学の考え方に沿って、大きく作り変えられた。

神武天皇陵を初め、歴代天皇陵の同定、修復、整備（修陵）が進められた。修陵事業そのものは江戸時代を通じて何度か（元禄・享保）行われてきたが、一八六二年に宇都宮藩の建言を受けて始められた「文久の修陵」はその最大のものとなり、明治維新後に引き継がれた。万世一系天皇を可視化するという目的と、死者はこの世にとどまり、死者のために作られた墓や神社に住むという篤胤的考え方を合成させたところに成り立った施策であった。

また、死者はこの世にとどまるという観念の最大の敵は仏教であった。仏教では通常死者はあの世（浄土・地獄）に往く。従って神仏分離・廃仏毀釈が進められた。とりわけ尊王派が権力を掌握した、幕末の薩摩藩や長州藩では、徹底した廃仏毀釈が進められた。[146]

伊勢神宮のあり方なども改革のメスが入れられた。鎌倉時代以来長きにわたって、この国には、外宮の神官家度会家の人々（家行）の考案になる、伊勢神道と呼ばれる神道が根付いてきた。外宮の豊受大神を、造化三神の一柱、天之御中主神――もしくは国常立神――と同体の神とみなすことによって、豊受大神をアマテラスの上位に持ってこようとする神道であった。アマテラスに「御饌」の奉仕をする神が、その奉仕を受けるアマテラスの上位に来るという、国民主権を彷彿とさせるような神道であった。だから自治が社会の底辺を支えるようになった江戸時代になると爆発的に流行した。二〇年ごとに行われる遷宮の三度に一度、つまり六〇年に一度、「お蔭参り」と呼ばれる爆発的な集団参詣が起きたが、その規模は五百万人とも、六百万人と言われる。人口三千万人の社会に起きた現象と考えれば、想像に絶する。[147]
しかし「古の輿論」の代弁者が天皇に決まっていく中で、あたかも天皇以外にその代弁者がいるかの如き装いをとる伊勢神道は、国家から敵視される対象となった。維新と共に、度会家もろとも廃絶されたのである。そして幕末・維新の激動を象徴した「ええじゃないか」の乱舞は、寿命を終えゆく伊勢神道の最後の残照となった。

第四節　攘夷と開国

こうして近世後半、「古き輿論」という形で主権の観念が生まれ、それを代弁する者（主権者）として天皇の地位が急上昇した。そしてそれが幕末期、外圧の中で加速された。主権のもう一つの側面は、対外的な国家の絶対性、国家主権だったからである。

一七九二年に、エカテリーナ二世の親書を携えて、漂流民大黒屋光太夫らの送還を目的にラクスマンが根室に来航した時、老中松平定信は「礼と国法をもて事をわけさとさるべし」との原則をたて、ラクスマンに「江戸へ出候事不相成国法にて願度事は長崎へ来り、所之奉行之さたにまかすべし[148]」と伝えさせた。それに対しラクスマンは争うこともなく従い、長崎にこそ向かわなかったが、根室を離れた。定信は、日本の領土・領海においては日本の国法が絶対であるとの立場に立ち、その上で「礼」を以てラクスマンに応接したのである。日本の支配層が長く慣れ親しんできた、国家間の関係を華と夷の関係として捉える華夷思想からは生まれてこない応接態度であった。

と言うことは、一八世紀末の段階でこの国の支配層は、既に主権国家の平等を前提に国際関係を律する、ウェストファリア体制の存在を知っていたことになる。

確かに、第二次アヘン戦争（一八五六～一八六〇年）後、『万国公法』という題名で中国在住の宣教師ウィリアム・マーチンが漢訳した、ヘンリー・ホイートン著の〝Elements of international Low〟が日本に伝えられたのは、一八六五年から六六年にかけてのことであり、それを定信が読んでいたはずはない。しかし、その幕末に伝えられた『万国公法』が、アヘン戦争後に魏源が書き、日本にも伝えられた『海国図志』同様、伝えられると同時に、あっという間に日本中に広まったことを考えると、ウェストファリア体制への理解が、それ以前から相当に進んでいたことは想像に難くない。八代将軍吉宗が許可した漢訳洋書の輸入や、幕府がオランダ商館長に提出を求めたオランダ風説書の影響の大きさも、考えてみなくてはならないのかも知れない。

そして、漠然とではあれ、ウェストファリア体制の存在を知っていれば、それに参入することによって、国家は「自分以上に如何なる権力も存せず、自分の意思に反して他の如何なる意思に依つても支配せられない」[149]権利、即ち国家主権を手に入れることができることも知っていたはずである。

主権概念には、「古の輿論」以外に、もう一つ源流があった。それはこのウェストファリア体制に参入することによって得られる、国家主権なるものであった。無人格ではあるが、強力な絶対性を帯びるものであった。

当然日本の指導者たちも、何もなければ、ウェストファリア体制に一日も早く参入し、その国家主権なるものを得たいと考えたはずである。しかしそれはできなかった。日本には鎖国令と総称される「国法」のあることを重々「心得ながら」、「浦賀へ乗入、和睦合図の白旗差出し、推て願書を奉り、剰内海え乗込、空砲打鳴し、我儘に測量迄致」すといった「驕傲無礼」な振る舞いをする「アメリカ夷」の要求に、「僅に数艘の戦艦」に怯えて屈したとなれば、それこそ、日本が国家主権を喪失することにつながってしまうからであった。[150] 国家主権を手にいれるために国家主権を失う、それは論理矛盾以外の何ものでもなかったからであった。

ならば脅しに屈することなく、参入するしかない。とりあえずは戦うしかなかったのである。だから尊王派の多くは、幕府が列強の圧力に屈して、日米和親条約他の条約を次々と結んでいく中で、攘夷論の方向へと舵を切っていったのである。そして凄惨なテロ事件を起こしていった。一八六〇年三月三日、江戸城桜田門外において、日米修好通商条約無勅許調印を強行した大老井伊直弼を殺害したのが皮切りであった。一八六二年になると、水戸浪士たちが、江戸城坂下門外に老中安藤信正を襲い、薩摩藩士が、島津久光の行列を横切ったという理由でイギリス人殺傷事件（生麦事件）を起こした。となると長州藩士も黙ってはいられない。高杉晋作・久坂玄瑞・伊藤博文（俊輔）・井上馨（聞多）ら錚々たる面々が、品川御殿山に建設中のイギリス公使館を焼き討ちした。

そしてついに一八六三年五月一〇日、幕府に攘夷決行を決断させ、その直後、長州藩は下関海峡通過中の外国船を砲撃、八月には薩摩藩が、生麦事件の後始末をめぐって薩英戦争に突入した。さらにはその翌年、長州藩は四ヶ国（イギリス・フランス・アメリカ・オランダ）連合艦隊の侵攻を受けて戦い、下関砲台を占領されて敗北した（下関戦争）。

ただ彼らは勝つために戦ったのではなかった。主権国家としての気概を示すために戦ったのである。尊王派であり、同時に攘夷派の急先鋒でもあった徳川斉昭からして、ペリーに対する応接姿勢は「腹をば決戦と覚悟」を決めた上で「表向は幾重にも穏便に申論」[151]ずべしというものであった。言葉ほどに過激ではなかった。ならば薩英戦争と下関戦争を戦い抜けば、もう十分であった。

考えてみれば、横井小楠が述べたように、もし社会に安定をもたらそうと思うのなら、むしろ「奢侈已に気習となつて」しまった人々の満足を買うことこそ第一にしなくてはならない。ではどうすればいいのか。進んで開国し、富国強兵を図るしかない、これが彼らの本音であった。

ならば二つの戦争に負けた時が、その本音に立ち戻る好機であった。その後、攘夷派はたちまち開国和親派に衣替えし、明治維新後は、条約改正交渉を通じて、ウェストファリア体制の正式の一員（主権国家）になるべく、努力を重ねることになったのである。そして、幾多の紆余曲折を経ながらも一八九四年、日英通商航海条約の締結によって治外法権の撤廃に成功し、完全な意味での国家主権を獲得したのである。[152]

第五節　朝廷と天皇

ただ、「古き輿論」を代弁し、国家主権を一身に背負うことによって天皇が主権者に成長していく過程において、一種の錯覚が起きた。それを、幕藩体制の中でも、先に述べたように形だけは残されていた古代官僚制の復活と捉える見方が広がった。松平定信に無理難題を言って復古の試みを貫こうとした光格天皇――この天皇の時から天皇号が復活――の動きなどに、それは現れた。そしてそれが、幕末にかけての、急速な朝廷権力の肥大化につながった。大坂湾に「黒船」が侵入してくるまで、容易に日米修好通商条約に勅許を与えようとしなかった孝明天皇の頑なな態度もそこから生まれた。孝明天皇の妹和宮の一四代将軍家茂への降嫁などによって公武合体を進めれば、政情が安定するなどと言った考え方もそこから生まれた。しかしそれは、所詮は錯覚であった。

「古き輿論」を代弁し、国家主権を一身に背負う主権者天皇の下に、新たに作り出される官僚制は、ここまで見てきた言い方をすると、徂徠が言った、「徳なる者は得なり。人おのおの道に得る所あるをいふなり。或いはこれを性に得、或いはこれを学に得。みな性を以て殊なり。性は人人特殊なり。故に徳もまた人人殊なり」、故に「おのおのその性の近き所に随ひ、養ひて以てその徳を成す。徳立ちて材成り、然るのちこれを官にす」べしとの人材登用の理想に沿って集められる人々によって満たされる官僚制であった。それに、一四世紀初頭の段階で既に「和漢の稽古をわざとして、朝端につかへ政務にまじはる」ことはできても、「吏途の方」を習い、「武勇の芸」に携わることもできていなかった官僚の入り込む余地はなかった。

故に錯覚は、明治維新が起きると、たちまち解けた。維新後も政治の第一線で活躍し続けることのできた公家といえば、三条実美と岩倉具視ぐらいしかいなかったことを見れば、それがわかる。

そして「古の輿論」を代弁し、国家主権を一身に体現する天皇は、自らの登用を求める専門家たちにとっては、魅力的な存在だった。先に私は、捕食という労苦から解き放たれて、自由にその個性的な才能を伸ばし、分業社会を構成してきた人たちの特徴を、他者への隷属を嫌うが、自らが参加した契約・誓約にだけは従う人々と述べた。だから彼らは、応仁の乱以降、新たな公務員＝市民として自治の担い手になれたのである。「古の輿論」と言う概念も、ルソーの唱えた「一般意志」同様、絶対者なき社会を、合議や契約、さらには輿論の帰趨によって運営していくために編み出された概念であった。それへの隷属に、専門家たちは抵抗感を持たなかったからであった。

そして、原理的には同じ理由で、自治を担う人々も天皇主権と親和した。

ただ目を現実に転じてみると、江戸時代後半は、実は自治の崩壊期でもあった。貧困層に対する、名望家層の統制が効かなくなり、その流民化・暴徒化が進んだからであった。同じ百姓一揆でも、村の下層が上層を訴える村方騒動の多発が、そのことを示していた。また都市では打ち壊しが頻発していた。中でも天明の飢饉（一七八二～一七八八年）をきっかけに、江戸・大坂、その他の都市で同時多発的に起きた天明の打ち壊し（一七八七年）は、時の老中田沼意次を失脚させるほどの、衝撃力を持った。

当然、幕府や各藩もその現実に対処した。天明の飢饉と打ち壊しを受けて老中に就任した松平定信は、寛政の改革の一環として、火付盗賊改方の長谷川平蔵に命じて、石川島人足寄場（一七九〇年）を作らせた。享保の改革時に設置された小石川養生所と並べて、幕府の貧困対策の拠点とした。

しかし根本的な対処は、やはり自治の再建を促し、自治に頼るしかなかったのである。その代表例が江戸七分積立金制度の確立であった。江戸の町々の町入用を可能な限り節減させ、その節減分の七割を、備荒貯蓄用として町会所に集め、籾米の購入などに充てさせたのである。当然、町会所の運営には、幕吏も当たったが、原則として上層町人が当たった。町や町組単位のものであった自治を、都市単位のものに改変し、対処させたのである。

大坂や京都でも同じことが行われた。先に述べた文政の町代改義一件があった後、京都でも義倉が置かれ、京都全体の行政を司る「大仲」が設置された。後の東京市・大阪市・京都市の原型が作られた。事実、江戸七分積立金は、明治維新後、東京府・東京市の財源に組み入れられ、近代都市建設の原資となった。

農村でも、各地で、（改革）組合村と称する、広域行政単位が作られていった。自治の内部で、議政と執行の分離が進み、大規模社会の自治が可能になったのである。ちなみに、幕末期、荒廃した関東農村を、自治の力で建て直すのに尽力したのが、大原幽学や二宮尊徳といった篤農家たちであった。また畿内先進地域では、その自治の力が、国訴と呼ばれる、国単位、郡単位の、肥料や菜種や綿花の公正販売を求める集団訴訟闘争に発展する場合があった[153]。

そして、こうして発展した自治が、やがて明治地方自治制（府県制・郡制・市町村制）に引き継がれ、天皇制国家の強固な社会的基盤を形成することになったのである。

なお、そこで一言付け足しておくと、第二次大戦前の地方自治にはあって、大戦後の地方自治からは消えた制度がある。名誉職自治の制度である。町村長であれ、町村会議員であれ、地域住民が無給で役職につく制度である。応仁の乱後の自治が生み出した新たな公務員＝市民の伝統が、一九四七年までは生きていたのである。

近代日本の行方

主権者天皇の抱える自己矛盾の解消へ

第一節　主権と天皇

国家とは、一定の領土と領民（国土と国民）を持ち、安定した政府を有する団体を指すというのは、しばしば語られる国家の定義だが、その国家が、「自分以上に如何なる権力も存せず、自分の意思に反して他の如何なる意思に依つても支配せられない」主権を持ち、絶対性を帯びるというのが、前近代国家にはなかった、近代国家の特色である。一六四八年にウェストファリア条約が締結されて以降、積み上げられてきた国際法上の考え方だ。

但し一九世紀の段階では、国際社会（西洋列強）から「文明国」の認定を受けない国家には適応されない考え方であった。だから、攘夷派は独立国としての対面を保つことに必死になり、維新後の日本政府は、その認定を得ようと、条約改正交渉に取り組んだのである。しかしこの考え方の適応を受けようと思えば、越えなくてはならないハードルが幾つもあった。

一つは、言わずもがなのことであるが、ならば日本の国土とは、どこからどこまでのことなのか、日本の国民とは誰のことなのかを、明らかにしなくてはならなかった。だから江戸時代の後期、近藤重蔵（択捉島に「大日本恵登呂府」の標柱を立柱）や間宮林蔵（間宮海峡を発見し、樺太が島であることを確認）が千島や樺太の探検に出かけていった。また明治維新後になると、長年薩摩藩を通じて間接的に支配してきた琉球王国を、清国の冊封体制から完全に切り離し、日本領に編入した。最初は琉球藩として、次いで沖縄県として。またアメリカと交渉して、小笠原列島を日本領とした。

そして同じ目的から、伊能忠敬による「大日本沿海輿地全図」（伊能図）の作成なども行われた。伊能図の作成を援助し、支え続けた高橋景保（幕府天文方）が、後に、オランダ商館医として来日していたドイツ人医師シーボルトに伊能図の写しを贈った廉で、シーボルト事件（一八二八年）に連座し、残忍極まる方法で処刑されたことなどは、伊能図の作成が如何に重要な国家的事業であったかを物語っている。葛飾北斎による「富嶽三十六景」の作成や、歌川広重による、「東海道五十三次」を初めとする数々の名所図絵の作成なども、同じ目的に沿ったものだったのかも知れない。

また明治になると、学制が施行（一八七二年）され、村に不学の戸なく、家に不学の人なからしめんとの意気込みを以て、教育の普及が図られるが、その大きな目的の一つが、同じ日本語を書き、話す日本人の創出であったことは、言うを俟たない。

あるいは日本が人権の保証された、西洋列強並みの文明国であることの証明が求められた。それなしに主権国家としての認知を得ることなど不可能に近いことを、廃藩置県後一八七一年一一月から一八七三年九月にかけて、一年一〇ヶ月にわたり米欧を回覧してきた岩倉具視使節団は、肌身に感じて、帰国した。条約改正の予備交渉は失敗した。故に歴代外務卿・外務大臣は、条約改正交渉にあたり、法典や裁判制度の整備を急ぎ、まずはこの国の人権状況の改善に注力した。第一次伊藤博文内閣の外務大臣井上馨は、治外法権の撤廃（内地雑居）に対する外国人の不安を取り除くために、日本の裁判所への外国人判事の任用案を打診し、その後を継いだ黒田清隆内閣の外務大臣大隈重信は、大審院に限りその任用案を打診した。しかし国内の激しい反対にあったこともあり、容易にはその証明を受け入れてもらえなかった。一八九四年に日英通商航海条約が締結され、その証明が受け入れてもらえるまでに二〇年の歳月を要した。

しかし主権国家として国際的認知を受けようとすれば、それ以上に越えなくてはならない大きな課題があった。幕末にはEmperor（皇帝）とTaikun（大君）の二重主権として現れた、なお残る日本の主権の不安定性を克服しなくてはならなかった。そしてそれは主権者天皇の抱える自己矛盾を解消することであった。

天皇がなぜ主権者たり得たのか。「古の輿論」の代弁者たり得たからである。ではなぜその代弁者たり得たのか。万世一系絶えることなく血をつないできたからである。ではなぜ万世一系血をつないでくることができたのか。藤田幽谷曰く「天子垂拱して、政を聴かざること久し。久しければすなはち変じ難きなり」[154]だからであった。つまり、天皇が平安時代以来不執政の存在であり続け、何事があっても政治責任を問われない存在であり、血の継続だけを考えていれば良い存在だったから、それはつないでこれたのである。

ということは天皇には、政治的能動性が完璧なまでに欠如していた。従ってそのままでは、「自分の意思に反して他の如何なる意思に依つても支配せられない」主権者に相応しい政治主体には、間違ってもなれなかった。それが主権者天皇の抱える自己矛盾であった。もしなれるのであれば、逆に、万世一系血をつなぐことは、できなかったはずであった。

そのことがあるから、所詮は代理政治の必要はなくならないとたかを括り、一五代将軍徳川慶喜などは、平然と大政奉還（一八六七年一〇月一四日）に臨むことができたのである。大政奉還後の政治の中心は相変わらず自分であり続けると思っていたからであった。

また明治政府は、天皇親政論者たち——最初は平田派の国学者たちであり、後には侍補として天皇を補佐した人々——の攻撃から、天皇の不執政を守るために、一八八五年制定の内閣制に基づく最初の総理大臣となった伊藤博文と、明治天皇との間で、翌一八八六年に取り交わされた「機務六条」と呼ばれる約束によって、「宮中・府中の別」の原則が確立するまで、防戦にこれ努めなくてはならなかった。

そしてその防戦は、その後の内閣にも引き継がれ、日清開戦に躊躇の意を表明した明治天皇を経て、昭和天皇にも引き継がれた。満州某重大事件（張作霖爆殺事件）の責任を問うて、田中義一内閣を総辞職に追い込んだことへの反省から、次のように「決心」した昭和天皇は、一九四五年八月の敗戦に至るまでそのその「決心」を変えることはなかった。

この事件あつて以来、私は内閣の上奏する所のものは仮令自分が反対の意見を持つてゐても裁可を与へる事に決心した。[155]

だから負けると分かっていても、日米開戦を阻止しようとはしなかった。

ただ天皇の不執政を守るのはいいが、それを守り続ける限り、天皇に「自分の意思に反して他の如何なる意思に依つても支配せられない」主権者としての強靭さを期待することができないのも、また事実であった。

国家には「法律関係ノ主体」（法人格）に相応しい、法人意思、国家意思（＝主権）がある。しかし意思が宿るのは自然人だけなので、その法人の意思は、その法人を代表する個人の意思として表されなくてはならない。そしてそれは天皇の意思である。[156]従って「天皇ハ即チ国家[157]」であるといった、単純明快な論理がとれなかったのである。国家に主権のあることは疑いを入れないことではあっても、天皇をその国家主権を一身に体現する主体にすることには常に躊躇が伴ったのである。だから天皇を「最高機関」と呼んで、数ある「機関」の一つとして言い表すことの方を、人々は好んだのである。

といって天皇以外の者を主権者にするわけにはいかなかったから、王政復古（一八六七年一二月九日）以来、原理原則だけは「天皇ハ即チ国家」の原則、即ち天皇親政の原則をとった。大日本帝国憲法を制定する時も、第一条だけでは足りず、第四条を加え、天皇に「統治権ヲ総攬」者としての重責を負わせた。さらには第一〇条から第一四条（天皇大権）までを付け加え、純粋な天皇親政の姿を、こと軍事・外交に関しては可視化した。そして極め付けは第五五条であった。国務大臣の単独輔弼制をとる――内閣の連帯責任制をとらない――ことによって、もし天皇が親政しなければ内閣がバラバラになってしまう仕組みを作ったのである。

第一条　大日本帝国ハ万世一系ノ天皇之ヲ統治ス

…………

第四条　天皇ハ国ノ元首ニシテ統治権ヲ総攬シ此ノ憲法ノ条規ニ依リ之ヲ行フ

…………

第一〇条　天皇ハ行政各部ノ官制及文武官ノ俸給ヲ定メ及文武官ヲ任免ス但シ此ノ憲法又ハ他ノ法律ニ特例ヲ掲ケタルモノハ各々其ノ条項ニ依ル

第一一条　天皇ハ陸海軍ヲ統帥ス

第一二条　天皇ハ陸海軍ノ編制及常備兵額ヲ定ム

第一三条　天皇ハ戦ヲ宣シ和ヲ講シ及諸般ノ条約ヲ締結ス
第一四条　天皇ハ戒厳ヲ宣告ス
　　………
第五五条　国務各大臣ハ天皇ヲ補弼シ其ノ責ニ任ス
　二　凡テ法律勅令其ノ他国務ニ関ル詔勅ハ国務大臣ノ副署ヲ要ス

しかし、それはどこまでも建前であって、実際は、王政復古で廃絶したはずの「摂関・幕府等」に代わる、天皇の代理を探し続けたのである。これも越えなくてはならない大きな課題であった。解決しないと、国家は中心を失い、迷走の果てに崩壊してしまう。真の主権国家になるためには、越えなくてはならない課題であった。

第二節　立憲政体という選択

そしてたどり着いたのが、立憲政体の導入であった。次の大隈重信の憲法構想を見ればわかる。

君主ノ人物ヲ任用抜擢セラル、ハ固ヨリ国人ノ輿望ヲ察セラルベキコトナレドモ、独裁ノ治体ニ於テハ国人ノ輿望ヲ表示セシムルノ地所ナキガ故ニ、或ハ功績ニ察シ、或ハ履行ニ求メ其最国人ノ為メニ属望セラルベシト叡鑿アル人物ヲ延用シテ政務ノ顧問ニ備ヘラル、モ、是レ已ムヲ得ザルニ出ル者ナリ。若シ政体ニ於テ国人ノ輿望ヲ表示セシムルノ地所アランニハ、其輿望ヲ察シ以テ人物ヲ任用セラルベキハ無論ナリ。斯ノ如クセバ則チ抜擢明ニ其人ヲ得テ皇室益々尊カルベシ。[158]

「政体ニ於テ国人ノ輿望ヲ表示セシムルノ地所」、即ち議会を創設し、「其輿望ヲ察シ以テ人物ヲ任用」し、その人物に「統治権ヲ総攬」させることによって「皇室」を益々尊くすることが、大隈にとって立憲制導入の目的であった。「皇室」を尊くするとは、とりも直さず天皇に主権者に相応しい権威を持たせるということであった。「摂関・幕府等」に代わり天皇を補佐し、その主権者としての足らざるを補う「人物」を得る、最も合理的な方法は、少なくとも大久保利通亡き後、大隈重信が筆頭参議を務めていた時——即ち「明治一四年」——までは、立憲政体を導入し、「国人ノ輿望ヲ」「察シ以テ人物ヲ任用」する議院内閣制（責任内閣制）を確立することだったのである。

そもそも天皇が代弁する「古の輿論」と、議会が代弁する輿論は、それぞれが輿論であり、お互いに相補い合う関係にあったから、それ以上に合理的な方法はない。

だから明治維新によって生まれた国家は、試行錯誤を繰り返しながらではあっても、維新後、一貫して立憲政体の樹立に向けての努力を重ねたのである。江戸城総攻撃予定日の前日の一八六八年三月一四日にはさっそく「五箇条の誓文」を出し、「広ク会議ヲ興シ万機公論ニ決スベシ」と、立憲政体樹立に向かう国家方針を鮮明にした。一八七五年には漸次立憲政体樹立の詔書を出し、同時に元老院・大審院・地方官会議を設置して、立憲政体樹立に向けての具体的な準備に取り掛かった。また、立憲政体の樹立の背景には、長年にわたり培われ、発展してきた自治の伝統があったから、それを立憲政体の基盤に組み入れるべく、一八七八年には郡区町村編成法・府県会規則・地方税規則の地方三新法を制定した。維新後「区」という抽象的な名称で呼ばれていた地域団体の名も、伝統的な町村名に戻された。そして一八八〇年、いよいよ各参議に、各自の考える憲法草案の提出を命じる段階にきた。

先の大隈憲法草案は、そうした中で、筆頭参議であった大隈が、伊藤博文や井上馨ら有力参議の同意を得て、さらには福沢諭吉（学界）や五代友厚（経済界）といった在野の有力者の協力も得て、まとめ上げた憲法草案であった。なお、大隈憲法構想は、しばしばリベラル派の大隈の「独走」から生まれた構想のようにいわれるが、それは「明治一四年政変」後に、彼を切り捨てた側の人々（伊藤や井上や岩倉具視ら）によって作り上げられた神話に過ぎない。

少なくとも「明治一四年」までは、天皇を補佐し、そうすることによって天皇をより完全な主権者たらしめる役割を担う者を生み出す最善の方法は、立憲政体を樹立し、議院内閣制（責任内閣制）を確立することだったのである。

但しここで大事なことは、立憲政体を樹立しさえすれば、自動的に議院内閣制が生まれるかというと、それはそうはいかないということであった。天皇主権を完全なものにするためにその方法がとれるかどうかは、議会制度を通じて生み出される国民代表と、それに基盤をおく内閣の構成員が、主権者天皇を補佐するに足るだけの有能な人材になるかどうかにかかっていた。

だからその方法をとるのには、実はもう一つ必要な仕組みがあった。大隈憲法構想を支え、輿論の支持を獲得するためのスポークスマンの役割を担った福沢が、次のように述べていることがヒントになる。

今我国に於て国会を開くに当り、其模範を西洋諸邦の中に取らんと欲せば、議員撰挙の一事に就ては英国の法に倣ふを以て最も便なりとす。英米両国の国会を比較するに、其会の体裁及び会議の勢力は固より相均しと雖も、米国は官吏を撰んで議員となすを許さず、英国は之れに異にして、政府貴顕の官吏は大抵議員たらざるはなし。此法に拠れば、英の官吏は政府に在りては行政官となり、国会に在りては議政官となり、恰も行議の両権を兼るものなるが故に、英政府は常に国会議員の多数を篭絡して事を行ひ、意の如くならざるはなし。[159]

「政府に在りては行政官」となりうる人材を以て、「国会に在りては議政官」にする仕組みであった。そしてその仕組みの構築は可能だと、福沢は楽観していたから、次のようにも述べていた。

若し英国の法に倣ひ、国会議員に官吏を除くことなく、国民一般の投票に附し、以て天下人心の帰向する所に随はゞ、今の当路者は果して其撰に当らざる者なるか。吾党の所見に拠れば、政府は人才の淵叢なるを以て、仮令ひ野に遺賢なきにあらずと雖も、全国智徳の大半は政府中にありと云はざるを得ず。[160]

その仕組みとは。政党もしくは政党政治という仕組みであった。政党とは、憲法の番人穂積八束の言葉を借りれば、「僅々少数幹部の意見、即ち党議として全党員を拘束する」組織、あるいは「首領一人の意志即ち絶対の党議となる」[161]組織であった。だからそれは、選挙に際して、「政府に在りては行政官」たりうる人材を並べて候補者とし、選挙の結果彼らを「議政官」にすることのできる組織だった。
そうした本格的な政党が、立憲政体の樹立と同時に作れるかどうかに、実は大隈憲法構想の成否はかかっていたのである。福沢の上記引用文中の「吾党」との表現は、そのことを示していた。

第三節　立憲政体と政党の理想

ただ、大隈や福沢が目指した政党は、容易には誕生しなかった。

代議士は一国の輿論を代表すへき者なれは輿論の決する所に由て其法を立て政を施すは当然の事なり。然れとも輿論も亦た時として其方向を誤ることあり、道理に違ひ正義に悖る所の者は妄りに之を行ふを得す。国家に主権あるは此道理を行ひ正義を全ふするか為なり。（中略）政党は国家の政治に参与するものなれは同しく此定則に従はさるを得す。一党の内に於ても党員は以て其党の輿論に従はさる可らすと雖とも、唯た多数の議論を以て定論と為し道理に違ひ正義に悖る所あるも妄りに之を行ふに於ては唯た党衆を以て主権者と為し、而して総理を置くの必要なし。（中略）故に政党の総理には其任する所の権更に大なるを要す。[162]

これは一八九一年一〇月に、自由党が出した『党報』第一号に掲載された宣言的文章だが、大隈や福沢（立憲改進党系）とは立場を異にする自由党もまた「総理」（党首）独裁型の政党を目指していたことがわかる。

そしてそれを目指すから、一八七四年の民撰議院設立建白書の提出以来、自由党結成に向けての動きは、ことごとく板垣退助率いる土佐派の主導の下で行われたのである。一八八〇年には、全国の民権結社の代表が大阪に集まり、全国組織としての国会期成同盟を結成するが、それでもその主導権を土佐派が手放すことはなかった。

自由党の結成にとどまらず、その中ににおける「総理」（板垣退助）独裁体制を構築することも、自由民権運動の目的だったのである。しかし大隈にせよ、福沢にせよ、板垣にせよ、その目的は容易に達成できなかった。秘密結社を作るのならともかく、立憲政体の樹立を前提に、国民に開かれた政党を作ろうとするのであれば、たちまち湧き上がる人々の社会的不満に応えないわけにはいかない。下から湧き上がる力に押され、党首独裁どころの騒ぎではなくなってしまうからであった。

しかも明治維新後は様々な社会的不満が噴出し易い時代であった。幕末には「ええじゃないか」の乱舞や、世直し一揆の激発があり、明治に入ると新政府の打ち出す様々な近代化政策に対する猛烈な反発が、地租改正反対一揆や、徴兵令反対一揆や、解放令反対一揆など、新政反対一揆を惹き起こしていた。また地位と収入を失った不平士族たちの叛乱もあとをたたなかった。一八七四年には佐賀の乱が起こり、一八七七年には西南戦争が起こった。そして明治一〇年代に入ると、それらの多種多様な社会的不満が、自由民権運動に流れ込んできていた。その下からの圧力に耐えなくはならなかったのである。

そして「明治一四年」夏、その社会的不満が再び噴出した。北海道開拓使官有物払い下げ事件の勃発であった。その払い下げを、開拓使長官黒田清隆の、関西財界——それを母胎とした関西貿易社——のリーダー五代友厚に対する、同郷（薩摩）のよしみで行なった不当に廉価な払い下げ（汚職）と看做して、輿論が激昂した。

実はその払い下げは、居留地商人や清国人商人の支配から脱し、この国の貿易を日本人自身の手で行う「直輸出」を推進するための政策の一環であり、日本銀行設立のための外貨獲得政策でもあった。江戸時代以来の日本の輸出に占める北海道物産（俵物）の比率の高さを思い出すべきである。当然大隈や福沢も承知の上で進められていた政策であった。となれば、党首独裁型の政党の結成を目指すのであれば、大隈や福沢らは、その激昂する輿論と戦わなくてはならなかった。しかし戦えなかったのである。輿論の大きな波に呑み込まれていってしまったのである。[163] しかも払い下げ批判の先頭に立ったのは、後には立憲改進党系と目される『東京横浜毎日新聞』であった。

ならば政党結成計画は頓挫させるしかなかった。そして政党結成計画を頓挫させるのであれば、大隈憲法構想そのものを破綻させるしかなかった。一〇月、大隈は政府を追放され（明治一四年の政変）、政府は、払い下げの中止と、一〇年後の国会開設を約束して、とにかく当面を糊塗した。

ただし理想の政党を作れなかったのは、大隈や福沢だけではなかった。板垣も作れなかった。彼は、まさに「明治一四年の政変」の直後に自由党を結成するが、その後、党員たちによって繰り返された反政府蜂起（激化諸事件）を抑えることができず、秩父事件の起きた一八八四年一〇月、遂に解党を余儀なくされてしまったのである。

では、議院内閣制もとれず、その基盤となる政党も、理想的な形では生み出せなかったとすれば、この国の統治システムはどう作ればよかったのか。結局不執政天皇に代わって統治権を総攬する者が生み出せなかったのである。ならば無理は承知で、天皇に、完全な主権者としての振る舞い、即ち親政を求めるしかなかった。「明治一四年政変」の直前、右大臣岩倉具視が井上毅に指示して起草させた、次の憲法制定方針（大綱領）に従うしかなかったのである。

一　欽定憲法之体裁可被用事
一　帝位継承法ハ祖宗以来ノ遺範アリ別ニ皇室ノ憲則ニ載セラレ帝国ノ憲法ニ記載ハ要セサル事
一　天皇ハ陸海軍ヲ統率スルノ権ヲ有スル事
一　天皇ハ宣戦講和及外国締約ノ権ヲ有スル事
一　天皇ハ貨幣ヲ鋳造スルノ権ヲ有スル事
一　天皇ハ大臣以下文武官任免ノ権ヲ有スル事
一　天皇ハ位階勲章及貴号等授与ノ権ヲ有スル事
一　天皇ハ恩赦ノ権ヲ有スル事
一　天皇ハ議院開閉及解散ノ権ヲ有スル事
一　大臣ハ天皇ニ対シ重キ責任アル事
一　法律命令ニ大臣署名ノ事
一　立法ノ権ヲ分ツ為ニ元老院民撰院ヲ設クル事
一　元老院ハ特撰議員ト華士族中ノ公撰議員トヲ以テ組織スル事

一　民撰議院ノ議員撰挙法ハ財産ノ制限ヲ用ウル事
一　歳計ノ予算政府ト議院ト協同ヲ得サルトキハ総テ前年度ノ予算ニ依リ施行スル事
一　臣民一般ノ権利及義務ヲ定ムル事
一　議院ノ権限ニ関スル事
一　裁判所ノ権限ニ関スル事[164]

ここでは天皇は、まさに親政する主体として描かれている。そしてこの方針を、実際の法に移したのが、大日本帝国憲法であった。

第四節　天皇親政論の重圧

しかしかかる「虚構」を描き、制度化した結果は深刻であった。一つは、それが、制度通りの天皇親政（国体）の実現を求める人々を次々と生み、彼らに巨大な政治力を与える結果になったからであった。一九二〇年代に入ると、国体の護持を名目に政敵を攻撃したり、社会批判を展開する人々が激増した。辛亥革命以降の中国革命に深く関わり、その体験から、戒厳令の施行・天皇親政の実現をテコに、日本の国家の根本的な改造（「国家改造」）――新生中国に負けない国家社会主義の国への改造――を図ろうとした、北一輝のような人も現れた。彼は大川周明らが結成した猶存社にも加わり、その考え方を『日本改造法案大綱』

（一九二三年）として出版、広く世に問うた[165]。

そしてその問いに答えるかのように、一九二〇年代後半から一九三〇年代前半にかけて、陸海軍の青年将校たち、およびその同調者たちが、真の天皇親政の実現と「国家改造」を求めて、繰り返しテロ事件を起こすようになった。一九三二年二月には、「一人一殺」を唱える井上日召率いる血盟団の団員たちが、前大蔵大臣井上準之助、及び三井合名社長団琢磨を次々と暗殺する血盟団事件が起こり、その直後の五月には、五・一五事件が起きた。また一九三五年八月には、青年将校たちに同調する皇道派軍人相沢三郎が、白昼陸軍省において永田鉄山軍務局長（統制派）を斬殺するという永田事件が起こり、一九三六年には遂に二・二六事件が起きた。

憲法に天皇親政という「虚構」を描いたことの結果は、かくの如く深刻であった。そして、逆に大隈や福沢の志を継ぎ、改めて議院内閣制＝政党政治を実現しようとしたあらゆる試みに対して、それは足枷として働いた。

不完全な政党しか作り出せなかったからと言って、では「明治一四年」以降、日本の支配層が、議院内閣制（政党政治）の実現を諦めたかというと、それはそうではなかった。憲法上はできないこととなっていても、それしか主権者天皇を主権者として機能させる方法がない以上、彼らは粘り強く、その実現を目指した。帝国議会の開催を前にして、後藤象二郎らが、本来社会の部分利益（Part）を体現すべき（だからPartyなのである）政党を、「小異を捨てて大同につく」という逆転の発想（大同団結運動）で再建したのもそのためであったし、伊藤博文や山縣有朋らが、繰り返し政党への接近を図ったのもそのためであった。そして、伊藤に至っては、一九〇〇年、分裂後の憲政党（旧自由党）を糾合し、自ら立憲政友会を立ちあげ、第四次伊藤内閣を組織している。また山縣の後継者桂太郎も、自らが一敗地に塗れた大正政変の後、立憲同志会の結成に乗り出している。

しかし天皇親政の「虚構」はそうした試みに対しては、常に足枷として働いた。

最初の本格的な政党内閣といえば、普通は原敬内閣をあげるが、やはり自由・進歩両党の合同（憲政党）を土台に一八九八年に誕生した第一次大隈憲政党内閣（板垣を内相に迎えたので隈板内閣と呼ばれた）をあげるべきではないかと思うが、それはさておき、その大隈内閣は、尾崎行雄文部大臣の共和演説事件をきっかけに、いとも簡単に崩壊してしまった。帝国教育会の場で尾崎が、もし日本が共和国であったならばと、たとえ話をしただけで、内閣が崩壊したのである。天皇親政の重みがわかる。

また桂太郎と西園寺公望が政権をキャッチボールしていた桂園時代の終わり、立憲政友会総裁西園寺公望を首班とする、事実上の政党内閣、第二西園寺内閣が誕生するが、その時陸軍は、二個師団増設要求を提出し、それが容れられないとなると、上原勇作陸軍大臣を辞職させ、軍部大臣現役武官制を盾に後継大臣を送らないという形で、内閣を倒壊に導いた。天皇親政を支える一つの柱であった統帥権の独立が、政党内閣の前に、重く立ちはだかった最初の例となった。

一九一八年八月に起きた、米騒動の巨大な圧力の前に、寺内正毅藩閥（超然）内閣は倒れ、原敬立憲政友会内閣が誕生するが、それ故に強大な力をもつに至った原内閣ですら、軍部大臣だけは、立憲政友会員を充てることができなかったのである。加藤友三郎海軍大臣がワシントン海軍軍縮会議（一九二一年一一月～一九二二年二月）出席のため出張中だけ、原が海軍大臣代行を務めるというのが、原にできた精一杯のことであった。これも統帥権の壁が立ちはだかったのである。

濱口雄幸立憲民政党内閣のとき、ロンドン海軍軍縮条約調印に反発した海軍が、軍令部を中心に、調印を強行した内閣を統帥権干犯だとして激しく非難し、遂には東京駅頭における濱口総理大臣狙撃事件（一九三〇年）まで誘発した。その後濱口は傷が悪化して死亡、政党内閣の終焉に向けての足音が早まった。そして統帥権干犯問題が尾を引く中で、一九三二年五月一五日、海軍青年将校たちが、首相官邸を襲い、犬養毅総理大臣（政友会）を暗殺した（五・一五事件）。その結果政党内閣が消滅した。

天皇親政の制度化が、政党政治に枷た足枷の重さがわかる。

第五節　天皇機関説

しかし不執政であることを本質とする天皇が、親政の主体として立ち現れるのは、誰がどう考えても、矛盾であった。たとえそれが憲法の命ずるところではあっても、である。だから、実は、天皇自身が、親政の主体になることから逃走し続けた。

例えば、日清開戦にあたって、明治天皇が、橿原神宮（神武天皇）と孝明天皇陵への報告の勅使派遣に際して「其の儀に及ばず。今回の戦争は朕素より不本意なり、閣臣等戦争の已むべからざるを奏するに依り、之を許したるのみ、之れを神宮及び先帝陵に奉告するは朕甚だ苦しむ」[166]と述べ、一晩ストライキに入ったのは有名な逸話である。

昭和天皇に至っては、さらに徹底していた。満洲某重大事件（張作霖爆殺事件）が起きた時に、言を左右にして責任者の処罰を曖昧にしようとする田中義一首相に対して、「それでは前と話が違ふではないか、辞表を出してはどうか」と「強い語気」[167]で迫った結果、田中内閣が総辞職してしまったことに強い衝撃を受け、次のように決意したことは先にも述べたが、以後その決意を変えなかった。

　この事件あつて以来、私は内閣の上奏する所のものは仮令自分が反対の意見を持つてゐても裁可を与へる事に決心した。[168]

だから日米開戦に際してさえ、「私は立憲国の君主としては、政府と統帥部との一致した意見は認めなければならぬ、若し認めなければ、東条は辞職し、大きな「クーデタ」が起り、却て滅茶苦茶な戦争論が支配的になるであらうと思ひ、戦争を止める事に付ては、返事をしなかつた」とか、「十二月一日に、閣僚と統帥部との合同の御前会議が開かれ、戦争に決定した。その時は反対しても無駄だと思つたから、一言も云はなかつた[169]」といった態度に徹した。

　また、天皇親政論者をとことん憎悪した。二・二六事件が起き、武力を行使して「君側の奸」を取り除けば戒厳令が敷かれ、真の天皇親政が実現し、一挙に「国家改造」が進むと夢想した陸軍青年将校たちが、永田町一帯を占拠し、高橋是清大蔵大臣、斎藤実内大臣、渡辺錠太郎教育総監らを殺害した時、天皇は、青年将校たちの擁護に回りかねない陸軍首脳たちを尻目に、たちまち決起部隊を「叛乱軍」と定義し、自ら近衛師団を率いて鎮圧に赴くとまで言って、その鎮圧を促した。皮肉にも、天皇親政論者たちの夢を、親政を行うことで、打ち砕いたのである。そして責任者たちを厳正に処罰させた。

　三月四日には早くも特設軍法会議が設置され、一審制、非公開、弁護人なしという、まさに「暗黒裁判」

によって、民間人二人（北一輝・西田税）を含む首謀者一九人の死刑が決定され、最短で執行されたことは、周知の事実である。また粛軍の名の下に、青年将校らと気脈を通じていたとみなされた皇道派軍人の多くが、陸軍中枢から排除された。昭和天皇の、天皇親政論者たちへの憎悪の深さがわかる。

天皇自身がその主体となることを忌避しようとする親政が、親政として機能しないのは当然であった。では天皇の絶対性の根底にある天皇不執政の原則と、憲法が要請する「天皇親政」の原則を調和させる方法は、本当になかったのか。それをあると考えた憲法学者が一人いた。美濃部達吉である。穂積八束は意思を持てるのは自然人だけだと考えたが、彼は法人＝団体も、次のように、それを持てると考えた。

団体意思ハ一定ノ目的ノ為ニスル多数人ノ組織的結合体ガ其ノ目的ノ為ニスル意思ヲ謂フ、団体ハ自己ノ目的ヲ有シ、随テ又其ノ目的ノ為ニスル意思力ヲ有スルモノトシテ認識セラルルナリ。機関意思ハ団体ノ機関ガ団体ノ目的ノ為ニスル意思ヲ謂フ、団体ノ目的ノ為ニスルモノナルヲ以テ、心理上ニハ機関ノ地位ニ在ル個人ノ意思ナルモ、法律上ニハ機関意思トシテ認識セラレ、個人意思トハ区別セラル。[170]

そして、団体を構成する諸個人の意思を、団体意思の実現を諸個人が担おうとするところから生まれる「機関意思」として、一段下に見たのである。そしてそれを前提に次のように述べた。

統治権は国家の権利であつて、君主の権利でもなく国民の権利でもない、統治権は国家といふ、全団体の共同目的を達するが為めに存する所の権利で、其の団体自身が統治権の主体と認むべきことは、当然であります。君主が主権者であるといふのは、唯君主が国家の最高機関であつて国家内に於て最高の地位を有する者であることを意味するものと解すべきであります。[171]

主権者を統治権の主体と呼べば、それは国家それ自体であると。天皇でさえ、「最高機関」ではあっても、国家を支える一機関に過ぎないと。

美濃部は、かく、統治権の主体を天皇ではなく、国家に読み替えることによって、上記の天皇不執政の原則と、「天皇親政」の原則の矛盾を乗り越えようとしたのである。

そしてそれは、矛盾の乗り越え方としては、極めて合理的な乗り越え方であった。というのも、ウェストファリア体制に参入していく中で、国家に主権があること自体は誰も否定しないからである。美濃部の論敵穂積八束も、主権がそもそも国家に宿ること自体は否定していない。ただ自然人以外に意思の宿る存在はないから、その国家に宿る主権も、誰かによって代弁されなくてはならない。その代弁者が天皇だとしただけであった。だから穂積にとっては「天皇ハ即チ国家」だったのである。

ということは、国家（日本）という団体が、自然人（天皇）によって代弁されなくても、それ自身の意思を表明することのできる団体だということが証明されれば、「天皇ハ即チ国家」との、天皇親政を支える議論から解き放たれることになる。上記矛盾の乗り越えが可能になるのである。

ではそれを、美濃部はどう証明したのか。師ゲオルグ・イエリネック——国家法人説を提唱したドイツ国法学者——の主権の自己制限論に立って証明した。

彼は、まず主権の本質について次のように述べた。

最高又は独立とは、自分以上に如何なる権力も存せず、自分の意思に反して他の如何なる意思に依つても支配せられないことを意味するのであつて、何等の積極的の内容を有せず、純然たる消極的の観念である。Supreme, independent, höchst, unabhängig などの語が之に相当する。一は人を支配することであり、一は他から支配せられないことである。[172]

それは、「自分の意思に反して他の如何なる意思に依つても支配せられないこと」だと。本書でもしばしば引用してきた主権の定義である。

その上で、では主権は他の意思によって全く制限を受けないのかというと、それはそうではない。「国家の意思力」は「其の本質上決して絶対の無制限ではあり得ない」。「社会に於いて自然に発達する慣習法及び理法」および「国内に於ける総ての制定法及び国際条約」の制限を強く受けると述べた。

ではなぜ実際には他からの制限を強く受けていながら、主権は「自分の意思に反して他の如何なる意思に依つても支配せられない」などということができるのか。他からの制限を受けないということは、「唯自己の意思に反して他の意思に依る制限を受けないといふに止まる」。自らの意思によってそれを受け入れるのであれば、それは決して、「自分の意思に反して」他の意思に支配されたことにはならない。それによって国家主権の「最高又は独立」が犯されたことにならないからである。[173] 例えば、国際連盟ができれば、「連盟に加はることに依りて、国内法上に於ける国家の統治権が種々の点に於て制限せらるる[174]」ことはあり得る。しかし「之を以て日本の憲法に抵触するものとするのは決して正当の見解でない」。なぜならば「此等の総ての制限は何れも法律上天皇の意思に出づるものであつて、即ち大権の自ら加ふる所の制限に外ならなぬのであるから」[175]である。

これがイエリネックから譲り受けた主権の自己制限論であった。そしてこの主権の自己制限論に立つ時、国家は、「社会に於いて自然に発達する慣習法及び理法」や「国内に於ける総ての制定法及び国際条約」など、あらゆる外から加えられる制限を、「自分の意思に反して」ではなく、自ら受け入れることによって、自らの意思に変えることができるのである。主権を美濃部が「何等の積極的の内容を有せず、純然たる消極的の観念」と述べた所以である。国家は、誰かに代弁されることもなく、自らの意思を持ち、それを表明することができるようになるのである。なぜならば様々な外圧・内圧を独立変数にした関数が主権ということになるから、独立変数が決まれば主権意思も自ずと決まるからである。

ならば主権は、天皇にではなく、国家にあると考えて何の問題もなくなる。そして天皇が主権者から、「最高機関」に、一段地位を下げれば、天皇の不執政と親政の矛盾もなくなる。天皇を儀礼を専らにする「機関」と位置付けてしまえばいいからである。

第六節　戦争の日々

穂積やその後継者である上杉慎吉の目には、詭弁としか映らなかっただろうが、筋の通った見事な憲法論である。そして大事なことは、この憲法論はやがて実を結ぶということである。日本国憲法は「最高法規」に関する条項である第九八条に、次の二項を書き加えている。[176]

第九八条　この憲法は、国の最高法規であつて、その条規に反する法律、命令、詔勅及び国務に関するその他の行為の全部又は一部は、その効力を有しない。

② 日本国が締結した条約及び確立された国際法規は、これを誠実に遵守することを必要とする。

「憲法」と並べて、「日本国が締結した条約及び確立された国際法規」もまた「最高法規」としてとり扱われるというのである。まさに主権の自己制限論をそのままで行った条項である。

当然、この書き加えを促したのは、美濃部達吉であった。ＧＨＱもこのような書き加えは予想していなかった。第九〇帝国議会に設けられた、衆議院帝国憲法改正委員会小委員会の審議過程において、突如書き加えられたものであった。その事情を、委員長の芦田均は、「国際条約、法規等ハ此ノ憲法ト共ニ尊重セラレナケレバナラナイト云フ文句[177]」を憲法条文の中に入れるよう持ちかけてきた人がいたからと説明している。それだけのことができるのは、客観的に見ても美濃部しかいなかったし、美濃部が一九四七年に上梓した日本国憲法の解説書『新憲法概論』に、「この憲法並びにこれに基いて制定された法律及び条約は国の最高法規と」する旨の第九八条（案の段階では第九四条）二項の原案が部分的に載り、さらにはその原案が実際の九八条二項のような「中途半端」なものになったことに対する「唯政府の原案に示されて居たやうな条約が国内法規としても法律と等しく最高法規たることの趣意は、全く示されないことになつたのは遺憾である」[178]との彼の感想まで載っていることを考えると、そう言って差し支えない。

美濃部にはまだ不満が残ったのかもしれないが、美濃部の唱えた主権の自己制限論は、日本国憲法制定の段階において、確実にこの国の骨格を形作る考え方になっていたのである。だから戦後日本は、自らに加えられた外からの制限を、むしろ積極的に受け容れ自らの国家意思を形成していく、いたって他律的な国家になった。過度の隷属を揶揄されながらも、日米安全保障条約体制に骨の髄まで浸かってしまったのは、それ故であった。

しかし日本国憲法が制定される一〇年前は、事情が違っていた。美濃部の主張する主権の自己制限論（天皇機関説）の画期性・ラディカルさに漸く気付いた人々が、それによって天皇親政の国体が消滅させられることを恐れ、猛然と反発したのである。ここまで見てきたことを振り返れば、当然と言えば当然の反発であった。一九三五年二月に貴族院本会議において菊池武雄が、美濃部学説を「謀叛」の学説、美濃部を「学匪」とまで罵ったのがきっかけで起きた国体明徴運動の広がりがそれであった。いくつかの美濃部の著書（『憲法撮要』他）が発禁となり、美濃部自身も九月、貴族院議員を辞さざるを得なくなったが、それだけで収まらず、結局岡田啓介内閣が、二度にわたり国体明徴声明（八月・一〇月）を出すハメになった。そしてこの国の「統治権の主体」は「天皇」であって、「国家」などではないことが繰り返し確認された（第二次声明[179]）。

では一九三五年には反発された考え方が、一九四六年にはいとも簡単に受け容れられたのは何故だったのか。

その間、うち続く戦争の中で、この国は、結局主権の自己制限論に立ち、他律を自律に読み替え続けなければ、国家は生きていけないことを、山ほど経験したからであった。

一九三七年七月七日、北京郊外盧溝橋に響いた一発の銃声で、思いもかけず日中全面戦争に引き摺り込まれると、その泥沼の戦争から足が抜けなくなってしまった。蒋介石政府（国民党政府）は相手にせずなどと言ってはみたものの、相手が抗戦を続ける以上、相手にせざるを得なかった。そして、本来は、対英米戦争用に準備していたはずの国家総動員法を、一九三八年四月の段階で早くも発動する事態に陥ってしまった。

後は悪循環であった。戦争継続のための資源確保の必要から、南部仏領インドシナに進駐すると、アメリカの激しい反発を買い、結局石油の禁輸措置を受けてしまう。となると石油の備蓄がなくなる前に、南方油田地帯を確保しなければ、軍艦も飛行機も動かせなくなる。ならば清水の舞台から飛び降りる覚悟で対米開戦に踏み切るしかない。まるでドミノ倒しのように、条件反射的意思決定を強いられていったのである。そして最後は敗戦。ポツダム宣言を自らの意思で受諾しない限り、国家消滅の危機に瀕してしまったのである。

これだけ経験すれば、さすがに、天皇親政論を固持し、他律を自律に変える主権の自己制限論を拒否し続けることはできなくなった。国体明徴運動において誇り高く、統治権の主体は「国家」にではなく「天皇」にありとしていた人たちも、一九四五年八月には、美濃部の前に首を垂れざるを得なくなったのである。

ただ首を垂れられた美濃部が、それを喜んだかどうかは定かでない。枢密院における日本国憲法草案審議で、美濃部が唯一人その草案に、国体に反するという理由で、反対したことはよく知られている。ではその美濃部の真意は那辺にあったのか。改めて問うてみる必要がある。

第七章

核と恒久平和

ポスト帝国主義時代の国家を模索して

第一節　天皇親政と「社会主義」

こうして見てくると、美濃部憲法学というのは、相当に合理的な憲法学であったことがわかる。しかし、にもかかわらずそれは人々の熱狂に迎えられることはなかった。国体明徴運動の時も、人々が熱狂したのは、美濃部を「学匪」と罵った側に対してであり、貴族院において堂々と「一身上の弁明」を述べた美濃部に対してではなかった。

ではなぜ人々は、天皇不執政の伝統と天皇親政の原則が醸す矛盾を、山ほどみてきておきながら、天皇親政論の方に共感を覚え続けたのか。一九四〇年二月、衆議院において日中戦争への疑問を呈し、俗にいう反軍演説を行った斎藤隆夫（立憲民政党）には、衆議院議員を除名されてなお多数の支持が集まったことなどを考えると、やはり考えておかなくてはならない課題である。

そこで見ておきたいのは、「明治一四年の政変」の後、緊急に天皇親政を擁護すべく出版された一冊の書物である。いうまでもなく加藤弘之の『人権新説』（一八八二年）である。それ以前に加藤が、天賦人権論の立場に立って書いた『真政大意』と『国体新論』をわざわざ絶版にした上で上梓された書物であり、天賦人権論者加藤の「転向」の書として知られる書物である。当然その「転向」には、岩倉具視ら政府要人の関与があった。政変直前に岩倉が井上毅に支持して起草させた憲法制定方針（大綱領）の、いわばイデオロギー的解説書であった。

そこで彼は次のような議論を展開している。人も他の動物同様、優勝劣敗の法則に従って進化を遂げる。ただ、人の進化が他の動物の進化と区別されるのは、それが、ある時点からは、国家を組織し、国家の力によって成し遂げられる進化だという点においてである。従って、人の進化には、次のような逆説が伴う。国家はそもそも、人の中に「賢愚強弱尊卑貧富等ノ異同」「優劣ノ等差[180]」があるからこそ生まれるものなので、「優勝劣敗ノミ行ハレテ、優等ナル各個人ハ妄ニ劣等ナル各個人ヲ圧倒シ優等ナル親族部落等ハ恣ニ劣等ナル親族部落等ヲ抑圧スル等」のことがあれば、それはかえって「害アルヲ免レ」ない。なぜならば「優勝劣敗ノミ行ハレテ優劣互ニ全ク利害ヲ異ニスルトキハ決シテ鞏固ナル団結共存ヲナス能ハサルコト必然ナレハナリ[181]」。

人が国家を組織して、さらなる進化を遂げようとすれば、国家の本質は「賢愚強弱尊卑貧富」の「団結共存」であるから、個々人間で行われる過度な優勝劣敗は、かえって人の進化を阻害する要因になりかねないという逆説である。

故に人が国家を編成し「実ニ鞏固ナル団結共存」を以て、さらなる進化を遂げようとすれば、「必ス先ツ専制ノ権力ヲ用ヒテ人衆中諸優者ノ自由放恣ヲ禁スルノ術ヲ施[182]」さなくてはならなくなる。優勝劣敗の適度な抑制こそが、進化の条件になるからである。

では誰がその「優者ノ自由放恣ヲ禁スルノ術」を施すのか。「優者」中の「優者」、「最大優者」しかいない。そしてそれが主権者なのである。では「最大優者」＝主権者は、如何にして「諸優者ノ自由放恣」を抑制するのか。一つは当然、実力によってである。そしてもう一つは、「賢愚強弱尊卑貧富」の分け隔てなく「全人民ニ稍権利ト義務トヲ授与[183]」することによってである。「劣等ナル各個人」「劣等ナル親族部落等」を権利の網の目で保護することによってそれを行なう。その場合人権は、天賦人権的な人権でなく、社会権的な人権に読み替えられる。

だから国家には「最大優者」というに相応しい、強力な主権者が必要なのである。そしてその「最大優者」＝主権者には、三つのことが期待される。一つは、国内において、過度な優勝劣敗の競争を抑止し、国民の「鞏固ナル団結共存」を作り出すこと。二つ目は、その「団結共存」を背景に、他国との激しい優勝劣敗の競争に勝ち残ること。そして三つ目は、その国家間の激しい競争が、果てしなき戦争に発展することを防ぐために、「宇内大共同」[184]の構築に貢献することの、三つである。

当然、来るべき日清・日露の戦争を予見し、ハーグ万国平和会議（一八九九年）や、万博や近代オリンピックの開催（一八九六年）など、世界平和実現のための国際的な取り組みを視野に入れた上での発言であった。国際連盟の結成なども視野に入っていたものと思われる。さらに言えば、第一次大戦後一世を風靡することになる石原莞爾の世界最終戦論などにも影響を与えた考え方だったとも思われる。

これが世に名高い、加藤の『人権新説』の議論であった。そして先に見たように国家公許の議論でもあった。伊藤博文が、渡欧し、憲法調査をするにあたって、オーストリアの社会主義者ローレンツ・フォン・シュタインに特に深く師事したのは、かかる議論が背景にあってのことと思われる。

と言うことは天皇親政論とは、単に、天皇が「古の輿論」の代弁者だから絶対だというに止まらない議論だったということになる。天皇にかかる、社会主義的色彩さえ帯びた政治的能動性を期待する議論でもあったのである。だから穂積八束は次のように言い、美濃部の語る主権の自己制限論を批判したのである。

主権ノ主権タルハ法理上無制限ナルニ在リ。制限シ得ヘケレハ則チ主権ニ非サルナリ。法理上ニ制限ト云フハ主権ガ服従者ヲ制限スルノ意ニシテ、自ラ制限スト云フコトハ矛盾ノ語ナリ。[185]

翻って、美濃部の語る、他律を自律に変える「純然たる消極的の観念」としての主権（統治権）には、この加藤の語る、社会主義的色彩さえ帯びた政治的能動性がない。それもそのはず、美濃部にはそもそも「大衆的民主政治」というものに対する共感がなかった。とりわけ一九三〇年代に入り、政党政治が崩壊すると、「代議制の国家の本質に関する旧来の自由主義の思想は、仮令其の中に貴重な倫理的の価値を含んで居るにしても、之を再び貫徹することは望み難い。それであるから政党国家を離るる為には大衆的民主政治から脱出するか又は之に打勝つの外はない」[186]といったことを平気で言い出す有様であった。彼は、斎藤実・岡田啓介と二代続いた挙国一致内閣こそ、自らにとって最も都合のいい内閣と感じていたのではないだろうか。だからまさか岡田内閣の時に、国体明徴運動で自らが追い詰められるとは思ってもみなかったのではないだろうか。岡田内閣の下では、彼は国策調査機関として内閣審議会と、内閣調査局――物資動員と国策決定の中核を担った後の企画院――の設置に尽力している。

しかし一九二〇年代から三〇年代にかけての時代（両大戦間期）は、この『人権新説』の語る主権者の政治的能動性が、必要とされた時代であった。

一九〇五年の日比谷焼き討ち事件、一九一二年末から翌年初にかけての第一次護憲運動、一九一八年の米騒動と繰り返された「都市民衆騒擾」が、ようやく労働運動や農民運動といった形をとり始め、そのヘゲモニーを巡って、国家と、社会主義者・無政府主義者・共産主義者たちが、激しく相争う時代に突入していたからであった。とりわけ一九二二年に、コミンテルン（共産主義インターナショナル）日本支部として日本共産党が設立されたことは、その争いを先鋭化させた。

そしてそのヘゲモニー争いに、国家の側で先頭に立ったのが普通、新官僚とか革新官僚とか呼ばれる人たち——その魁的存在が挙国一致内閣で入閣を果たした農林官僚後藤文夫や、外務官僚の広田弘毅であった——で、彼らは内務省社会局（後の厚生省）や、農林省などを拠点に、労働組合法を立案したり、世界恐慌対策としての農山漁村経済厚生運動に取り組んだり、様々な社会政策の実現に精力的に取り組んだ。その彼らにとって必要な主権者像は、美濃部の語る主権者（統治権者）ではなく、加藤の語る「最大優者」としての主権者だったのである。そして彼らの背景には、社会政策の実現を待ち望む多くの人たちがいた。国体明徴事件において美濃部が輿論の支えを得られなかった理由である。

第二節　満州事変、そして世界最終戦

一九二〇年代、日本の国民の多くは、どちらかというと強硬外交よりも協調外交の方を支持していた。一九二七年、北伐（蒋介石率いる国民党軍による中国全土の統一）の進展を阻止するために、田中義一内閣が山東出兵に踏み切った時も、国民輿論はそれに反対した。しかし一九三一年九月一八日、柳条湖事件が勃発し、満州事変が始まると、輿論は一変した。事変支持の熱狂がこの国を包んだのである。では満州事変の何に、その熱狂を引き出す力があったのか。事変を惹き起こした石原莞爾の思想の中に読み解いてみよう。

石原莞爾は、第一次世界大戦の経験から、世界最終戦論なる戦争論を構想したことで知られる軍人であるが、来るべき戦争について、次のように述べていた。

一番遠い太平洋を挟んで空軍による決戦が行われる時が、人類最後の一大決勝戦の時であります。即ち無着陸で世界をぐるぐる廻れるような飛行機ができる時代であります。それから破壊の兵器も今度の欧州大戦で使っているようなものでは、まだ問題になりません。もっと徹底的な、一発あたると何万人もがペチャンコにやられるところの、私どもには想像もされないような大威力のものができねばなりません。飛行機は無着陸で世界をグルグル廻る。しかも破壊兵器は最も新鋭なもの、例えば今日戦争になって次の朝、夜が開けて見ると敵国の首府や主要都市は徹底的に破壊されている。その代わり大阪も、東京も、北京も、上海も、廃墟になっておりましょう。すべてが吹き飛んでしまう。（中略）それぐらいの破壊力のものであろうと思います。そうなると戦争は短期間に終わる。（中略）このような決戦兵器を創造して、この惨状にどこまでも堪え得る者が最後の優者であります。[187]

第一次大戦型の総力戦にはならず、航空兵力と「一度あたると何万人もがペチャンコにやられるところの、私どもには想像もされないような大威力の」「破壊の兵器」による殲滅戦になる、と。「破壊の兵器」とは言うまでもなく、核兵器のことである。ちなみに人類が、核兵器の出現を予測し始めたのは、第一次世界大戦が始まった一九一四年に、SF作家ハーバート・ジョージ・ウェルズが『解放された日々』を出版し、大きな反響を呼んだときからであるが、だとすれば石原莞爾が核兵器の出現を予感していたとしても、それは不自然ではない。[188]

そしてその殲滅戦の結果を、次のように予測した。

一つは、「世界の一地方を根拠とする武力」、即ち核を独占する超大国の武力が、「全世界の至るところに対し迅速にその威力を発揮し、抵抗するものを屈服し得るように[189]」なるから、恒久平和が実現する。だから来るべき戦争は人類最後の戦争、すなわち世界最終戦になる。そして今一つは、あまりに惨たらしい戦争の結果起きることなので誰も予測したがらないが、戦争によって飛躍的に発展した科学技術や生産力が、戦後世界に巨大な繁栄をもたらし、「持てる国」と「持たざる国[190]」の対立さえ、地球上から一掃する。だから世界最終戦には、勝者になろうと、敗者になろうと、「世界の残された最後の選手権を持つ者」、即ち大国は参加しなくてはならないのであると、次のように言った。

世界に残された最後の選手権を持つ者が、最も真面目に最も真剣に戦って、その勝負によって初めて世界統一の指導原理が確立されるでしょう。だから数十年後に迎えなければならないと私たちが考えている戦争は、全人類の永遠の平和を実現するための、やむを得ない大犠牲であります。われわれが仮にヨーロッパの組とか、あるいは米州の組と決勝戦をやることになっても、断じて、かれらを憎み、かれらと利害を争うものでありません。恐るべき惨虐行為が行なわれるのですが、根本の精神は武道大会に両方の選士が出て来て一生懸命にやるのと同じことであります。人類文明の帰着点は、われわれが全能力を発揮して正しく堂々と争うことによって、神の審判を受けるのです。[191]

これは確かに一九四〇年になってまとめ直された文章なので、整理されすぎの感はあるが、海軍が、補助艦の比率を対米六割にするか七割にするかで揉め、ワシントン海軍軍縮条約の縛りがなくなると、早速一八インチ砲を備えた世界最大の戦艦大和を建造してしまう時代に練られた戦争論だと思うと、やはり頭一つ抜きん出た戦争論だったと言うべきだろう。

そしてかかる戦争論を抱いていたから、彼は来るべき世界最終戦に備えるべく、柳条湖事件をひき起こし、満州事変を始めたのである。アメリカが世界恐慌の対応に追われ、ソ連が革命の混乱から抜け出しきれていないうちに、満州を占領し、満州を開発することによって、世界最終戦を戦い抜くことのできる、高い技術力と生産力を手に入れようとしたのである。

だから満州事変は、単なる植民地主義的欲求から出た侵略戦争ではなかった。日本が、やがて恒久平和の礎となる世界最終戦に参戦するための、予備的戦争であった。故に石原は、戦闘に一応の目途がたつや、直ちに満洲国の建国（一九三二年二月）に踏み切り、満州の経済開発に着手したのである。そしてそのために「二キ三スケ」と呼ばれる俊秀（星野直樹・東條英機・松岡洋右・鮎川義介・岸信介）を、満州に呼び集めたのである。この「二キ三スケ」がその後の日本の運命を決し、戦後復興までも主導したことは周知の事実である。

ではこの石原の構想は、あまりに現実離れし過ぎていただろうか。そうでもない。第一次世界大戦を終えた段階で、世界は、単なる主権国家の集まりであった段階から、形ばかりとはいえ、主権国家群を超えた一つの世界機関（国際連盟）を持つ段階に移行していた。もはや植民地の争奪に明け暮れる帝国主義の時代は終わり、主権国家群の上に君臨する覇権国家の座を争う時代に入っていたのである。

ならばその覇権国家候補に日本が名乗りをあげることも、それほど不自然なことではなかった。日露戦争に勝利し、誕生した国際連盟においても常任理事国の一角を占めるようになったのだから、当然といえば当然であった。

しかし名乗りをあげるには、日本の国力・経済力はあまりに貧弱すぎた。ワシントン海軍軍縮会議において表向きは主力艦比率対米七割を主張しながら、対米六割に抑え込まれて、内心負担の軽減——八・八艦隊計画の頓挫——にホッとするといった有様であった。第一次大戦中の急速な経済成長があって、なおそうであった。

だとすれば、名乗りをあげるにあたって、まずは満州を獲得し、その開発にかけようという石原の考えは理解できないわけではない。それが理解できればこそ、多くの軍人や国民が、石原に心酔し、満州事変の勃発に熱狂したのではないだろうか。

ただそこで問題は、謀略を用いてでも満州事変を惹き起こした石原の構想に、実現の可能性はあったのかということである。やはりなかったと言うべきであろう。事実、一九三七年七月七日に盧溝橋事件が勃発した時、構想の破綻を石原も実感した。彼は必死に事変不拡大を唱えて活動したが、柳条湖事件を画策した彼に、盧溝橋事件を奇貨として華北進出を図る軍部の動きを止める力はなかった。近衛文麿・蒋介石会談まで画策しながら、結局は彼自身が参謀本部作戦部長の地位を追われ、関東軍参謀副長に左遷され、全ての政治的影響力を失ってしまったのである。世界最終戦を戦うための満州開発が、日中戦争の導火線にしかならなかったとすれば、それは構想の破綻であった。

ではなぜ石原構想はそれほど脆かったのか。結局、彼自身が、天皇親政論の罠にはまってしまったからであった。統帥権の独立を背景にすれば、何事も独断専行できると思いこんでしまったからであった。

当然柳条湖事件は独断専行であった。二・二六事件後に誕生した広田弘毅内閣が一年弱の短命に終わる

図11、テニアン島の飛行場から次々と出撃するB-29

と、その後継として宇垣一成内閣が誕生することになったが、大命まで降下していたにも拘らず、彼は軍部大臣現役武官制（広田内閣で復活）を盾に、それを阻止してしまった。これも統帥権の独立があればこその独断専行であった。

しかしこうした独断専行を繰り返しているうちに、彼からは、いつしか彼と同じような行動をとる武藤章（盧溝橋事件当時、石原の下で作戦課長）のような権謀術数を逞しくする後輩軍人に対する統率力が失われてしまったのである。だから肝心要の盧溝橋事件が勃発した時に、彼は陸軍内を事変不拡大の方向でまとめることができなかったのである。破綻は自ら引き寄せたのである。

ただ石原莞爾の焦りもわかる。第一次大戦中から大戦後にかけて、とりわけルーズベルト大統領の時代、アメリカでは、ユダヤ系アメリカ人バーナード・バルーク――ウィルソン大統領の下で軍事動員に活躍した資産家であり、産軍複合体の生みの親であり、歴代大統領の「影の大統領」とまで言われ続けた政治家——を中心に、来るべき「殲滅戦」に向けての備えが、着実に進みつつあったからである。「無着陸で世界をぐるぐる廻れるような飛行機」や「一度あたると何万人もがペチャンコにやられるところの」「破壊の兵器」の開発の噂が、石原の元にも届いていたのだろう。後に日本空襲に活躍する「B29」戦略爆撃機は、一トンの爆弾を積んで八千キロメートル以上飛べる爆撃機を目標に、一九三四年には開発が始まっていたし、マンハッタン計画に、加速器を回しウランを濃縮するのに必要な膨大な電力を供給したTVA（テネシー川流域開発公社）も、一九三三年には発足していた。

日本でようやく「零戦」の設計が始まったのが一九三七年だったということを考えると、このアメリカの戦略の大きさ、速さの前に、石原が一人怯えていたとしてもおかしくはない。しかも「二キ三スケ」には、バルークらとの交流があった。

だとすれば、世界最終戦の勝者になることを最初から諦めない限り、石原には統帥権の独立を利用するしかなかったのである。それが唯一、アメリカのスピードに追いつく道だったからである。天皇親政は、そうしたところからも求められたのである。

第三節　敗戦

以上、あまりに多くの思いが、天皇親政という国体には託されていた。それらは主権の自己制限をいう美濃部憲法学説などでは受け止めきれない思いの数々であった。だから天皇は、いつしか現人神に祭り上げられるようになっていた。当然昭和天皇はそれを「迷惑」と感じ、次のように述べていた。

現神〔現人神と同意味。あきつかみ〕の問題であるが、本庄〔繁〕だつたか、宇佐美〔興屋〕だつたか、私を神だと云ふから、私は普通の人間と人体の構造が同じだから神ではない。そういふ事を云はれては迷惑だと云つた事がある。[192]

天皇の主権者としての権威の根底を支えてきた天皇不執政の原則が、それによって破壊されることを恐れたからであった。ならば、その「迷惑」を断ち切ることが、昭和天皇にとっては課題となった。ではどうすれば良かったのか。

結局二・二六事件の時に一度試した方法に頼るしかなかった。親政によって親政を断ち切るという方法であった。天皇親政を求めて決起した青年将校たちを、天皇が自ら先頭に立って鎮圧すると言い出すことによって、青年将校たちを混乱させ、銃を置かせた、あの方法であった。

では具体的には何をしたのか。あえて「聖断」によって日米開戦に踏み切り、負け、最後は「聖断」によって敗北を受け入れたのである。『昭和天皇独白録』の最後の箇所で、日米開戦からポツダム宣言の受諾に至る自らの行動を、彼は次のように総括している。重要な文章なので全文引用しておく。

開戦の際東条内閣の決定を私が裁可したのは立憲政治下に於る立憲君主として已むを得ぬ事であ

る。若し己が好む所は裁可し、好まざる所は裁可しないとすれば、之は専制君主と何等異る所はない。

終戦の際は、然し乍ら、之とは事情を異にし、廟議がまとまらず、鈴木総理は議論分裂のまゝ、その裁可を私に求めたのである。

そこで私は、国家、民族の為に私が是なりと信んずる所に依て、事を裁いたのである。

今から回顧すると、最初の私の考は正しかつた。陸海軍の兵力の極度に弱つた終戦の時に於てすら無条件降伏に対し「クーデター」様のものが起つた位だから、若し開戦の閣議決定に対し私が「べトー」を行つたとしたらば、一体どうなつたであらうか。

日本が多年錬成を積んだ陸海軍の精鋭を持ち乍ら愈々と云ふ時に蹶起を許さぬとしたらば、時のたつにつれて、段々石油は無くなつて、艦隊は動けなくなる、人造石油を作つて之に補給をしよーとすれば、日本の産業を殆んど、全部その犠牲とせねばならぬ、それでは国は亡びる、かくなつてから、無理注文をつけられては、それでは国が亡〔び〕る、かくなつてからは、無理注文をつけられて無条件降伏となる。

開戦当時に於る日本の将来の見透しは、斯くの如き有様であつたのだから、私が若し開戦の決定に対して「べトー」したとしよう。国内は必ず大内乱となり、私の信頼する周囲の者は殺され、私の生命も保証出来ない、それは良いとしても結局狂暴な戦争が展開され、今次の戦争に数倍する悲惨事が行はれ、果ては終戦も出来兼ねる始末となり、日本は亡びる事になつ〔た〕であらうと思ふ。[193]

日米開戦の裁可を、表向きは立憲君主故の強いられた裁可のように言いながら、実はそれが、終戦の裁可とども、自ら「国家、民族の為に私が是なりと信んずる所に依て」行った裁可であったことを告白している。しかもそれを、何れも「正しかつた」としているのである。ではなぜ「正しかつた」のか。それによって「大内乱」を起こせない程度にまで陸海軍の力を弱め、その「大内乱」が起こっていたらそうなったであろう「今次の戦争に数倍する悲惨事」を未然に防ぐことができたからだと、述べている。

そして連合国軍最高司令官マッカーサーから、「吾等が」「主権在民を明記したのは、従来の憲法が祖宗相承けて帝位に即かれるといふことから進んで国民の信頼に依つて位に居られるといふ趣意を明かにしたもので、かくすることが天皇の権威を高からしめるものと確信する」[194]との理由で、象徴天皇制の提案があると、極めて素直にそれを受け容れた。

この全てが、天皇自身の判断によって進められたのである。まさに親政がなされたのである。そして、その結果、健在であれば天皇親政を求め続けたであろう、「大内乱」を起こしかねなかった人々の大半は、政治の表舞台から一掃された。親政によって親政を取り除く試みは成功したのである。天皇は見事に「迷惑」から解放され、不執政天皇の本来の姿に戻ったのである。

しかも美濃部憲法学は生き残り、自力で新たな憲法体制を作り上げる余地は残されていた。それが日本国憲法に結実したことはすでに述べたとおりである。

ならば多くの人たちが、ポツダム宣言を受諾し、無条件降伏をしても、国体は護持されたと感じ、敗戦の屈辱をそれほど深く噛み締めなかった理由もわかる。彼らにとって敗戦は、単なる敗戦ではなく、この国が立憲君主制国家として、本来あるべき姿に立ち戻るための、必要な犠牲だったのである。もし一九四一年一二月八日に開戦の決断をしていなければ被ったであろう「今次の戦争に数倍する悲惨事」に

図 12、1945 年 9 月 27 日の第 1 回会見での昭和天皇とマッカーサー

比べれば、はるかに小さな犠牲で済んだのである。我々の親世代がよく口にしていた、〈戦争に負けて良かった〉との言葉が今更ながら蘇る。

だから様々な困難はあっても、この国の支配層の立ち直りは早かった。

一九四五年八月六日、広島に原子爆弾が投下された時、それを自らの道徳的敗北とまで言った原爆の父仁科芳雄は、その数年後には、次のように語り、アメリカの水爆開発と日本の核開発（平和利用）の国際分業体制の構築に奔走していた。

今日の国際情勢から推して、そんな方法のみによつて科学の成果を戦争に利用せぬようにすることは不可能であろう。そこで考えられることは、寧ろ科学の画期的進歩により、更に威力の大きい原子爆弾またはこれに匹敵する武器をつくり、若し戦争が起つた場合には、広島、長崎とは桁違いの大きな被害を生ずることを世界に周知させるのである。（中略）若し現在よりも比較にならぬ強力な原子爆弾ができたことを世界の民衆が熟知し、且つその威力を示す実験を見たならば、戦争廃棄の声は一斉に昂まるであろう。[195]

大東亜共栄圏の熱烈な推進者であった国際法学者松下正寿なども、敗戦後、何の反省もなく日米安全保障条約体制の礼賛者に変わっていた。大東亜共栄圏もパクスアメリカーナも、その中心に位置する「超大国」が、日本かアメリカかの違いだけで、本質的には何も変わらないというのが、その理由であった。

そして何より「満州組」の立ち直りが早かった。[196]

石原莞爾などは、玉音放送が流れ、全国民がポツダム宣言の受諾を知った一九四五年八月一五日のまさにその日に、彼の同調者（東亜連盟会員）たちに向けて、日本国憲法九条の制定を予言するかの如く、今後は国策遂行のための戦争を放棄し、新しい世界の Moral Leadership をとろうと呼びかけたのである。[197]

また、東條英機内閣（開戦時内閣）で、商工大臣まで勤めながら、戦犯に問われることもなく生き延びた岸信介は、公職追放が解かれると、たちまち自由民主党総裁、内閣総理大臣（一九五七〜一九六〇年）へと上り詰めていき、戦後復興のリーダーシップをとった。鮎川義介なども、満州での活躍が祟って一度は「巣鴨刑務所」（戦犯を収容した刑務所）に拘置されたが、そこを出ると中小企業振興の旗振り役を引き受けるなど、実業家として旺盛な活動を繰り広げた。

確かに石原莞爾の目指した世界最終戦は、それに日本が負け、アメリカが勝つという前提にたてば、パクスアメリカーナの構築を目指していた構想であった。だとすれば、満州事変に始まる一五年間の戦争を戦い抜いた人たちが、敗戦と同時に、あれよあれよという間にアメリカのシンパサイザーに変わり――下手をすれば敗北と勝利を取り違え――、アメリカの従属国としての日本の復興に全力を注いだのも、単に無節操のせいではなかったのかもしれない。考えてみるべき点である。

第四節　平和主義の重み

しかし指導者たちは、戦犯に問われたり、公職追放にあったりした一部を除き、敗北を勝利に読み替え

コラム3

戦後民主化と衰退する自治

民主主義の基本は人の自立である。そして人の自立については、伝統的に二つの考え方がある。一つは、それを人が家や村といった、しばしば中間団体と呼ばれる団体の束縛から解放され、純粋な個人になった時に得られるとする考え方である。だから、この考え方に立てば、近代国家の成立と人の自立は連動する。近代国家は、中間団体の自立性を排除し、人に対する直接支配を目指すところに生まれる団体だからである。近代国家の基礎単位は個人であって、家や村のような中間団体ではない。そこが封建国家とは違う。

そしてもう一つは、強固な中間団体の自立性があればこそ人の自立は得られるとする考え方である。人の自立を阻害する最大の力は、中間団体の力などではなく、むしろ国家の力である。中間団体の保護膜に適切に守られていなければ人は自立できない。封建制の伝統があればこそ、西ヨーロッパにおける民主主義の発達はあったとする考え方である。

前者がルソーなどに代表される考え方であるとすれば、後者はモンテスキューなどに代表される考え方である。

そして近代日本は後者の考え方に立ってきた。だから、憲法制定以前に市制・町村制を制定し（一八八八年）、人を、隣保共助の伝統でまずは守ろうとしたのである。それを一八八八年公布の法律第一号として制定するにあたっての、明治天皇が付した次の上諭がそのことを示している。

朕地方共同ノ利益ヲ発達セシメ衆庶臣民ノ幸福ヲ増進スルコトヲ欲シ隣保団結ノ旧慣ヲ存重シテ益之ヲ拡張シ更ニ法律ヲ以テ都市及町村ノ権義ヲ保護スルノ必要ヲ認メ茲ニ市制及町村制ヲ裁可シテ之ヲ公布セシム

市制・町村制は、新規に地方自治を作り上げようとしたのではない。むしろ既存の「隣保団結ノ旧慣」を守ろうとしたのである。それを「益」「拡張」することによって、近代的地方行政に耐え得る地方自治体を生み、その運営に携わらせることによって、一人一人を、立憲政体の運用にも耐え得る、自立した個人に鍛冶していこうとしたのである。

そしてそれは、大きな視点で捉えれば、応仁の乱後に発達した都市や農村の名望家自治（新しい公務員による自治）の延長上にある施策であった。

その代わり、その「隣保団結」の中心にいる人たちには、それに相応しい高度な自立性が求められた。個人として自立的であるだけでなく、その自立（恒産恒心）を背景に、自己犠牲的に——ボランタリーに——自治に尽くすことが求められた。それが名誉職自治の原則であった。町村長や町村会議員は、原則として無給で働くことが求められた。家に関しても原則は同じであった。家名や家産の継承者としての戸主には、特権とともに家族に対する保護義務が課された。

しかし戦後の民主化は、その後者の考え方を完全に否定し、前者の考え方に立った。だからあらゆる中間団体の自立性は否定され、町村であれ、家であれ、全ては個人の集まりとして認識し直された。

その結果地方自治体は、「隣保団結ノ旧慣」の「拡張」ではなく、国家同様の住民の福祉を目的とした公共団体（地方政府）となり、名誉職自治の原則は廃止された。町村長や町村会議員までが有給職員によって占められるようになった。また、そうなると、町村と市、もしくは都道府県とを区別する必要もなくなり、都道府県までが同じ地方公共団体として認識されるようになった。名誉職自治の原則があるから、規模の大きすぎる市や都道府県は不完全自治体（国家の末端組織）にならざるをえなかったが、そうする必要がなくなったからであった。そして二度と名誉職自治の原則のようなことが蘇らないように、地主制（農地解放）や財閥が解体された。法人ではなく、個人がボランティア精神を発揮するための「恒産恒心」を持つことが、悪（封建的）と認識される社会環境が作られたのである。その社会環境の形成には、「寄生地主制」を攻撃してやまなかった講座派マルクス主義（歴史学）も一役買った。

しかし果たしてそれは良かったのだろうか。その結果何が起きたかを、そろそろ我々は振り返ってみるべきところに来ている。二つほどの事実を指摘しておきたい。

　一つは、名誉職自治の制約がなくなったために、自治の単位はどこまでも大きくすることができるようになった。そして可能な限り規模を大きくし、規模の割には少ない公務員で合理的に自治行政を運営していくことが、地方自治の理想のように語られるようになった。その結果、大規模市町村合併が何度も繰り返され、巨大な地方公共団体が次々と誕生した。ではその結果はどうなったのか。コロナ禍や能登半島地震のような大規模災害が起こるたびに地域のマンパワー不足が言われるようになり、地方公共団体の危機管理能力の急速な低下が起こった。

　そしてもう一つは、自治が「隣保団結ノ旧慣」と無縁なものになればなるほど、人と地域の精神的な結びつきが希薄になり、農村から都市へ、地方から東京への人口移動が止まらなくなった。最初は高度経済成長期に膨大な若年層が移動し、ついで主に若い男性が移動し、最後は若い女性が移動するようになった。かくてかつてない少子高齢化が、この国を襲うこととなり、今に至っている。

　では人の自立は達成できたか。それもどうも心許ないようなのである。


る石原のような器用なマネもできたが、三百万人の犠牲を強いられた国民は、そうはいかなかった。

　彼らは生活苦に喘ぎ、国家に絶望した。とりわけ昨日まで軍国主義を鼓吹していた者が、突如民主主義者に変わる、指導者たちの変わり身の早さに、道徳的腐敗を感じた。その結果溜まっていた怒りが噴出した。一九四六年五月一九日、皇居(宮城)前広場で「飯米獲得人民大会」(食糧メーデーと呼ばれ二五万人が参加)なる集会が開かれたが、その時「ヒロヒト詔書曰ク国体はゴジされたぞ朕はタラフク食ってるぞナンジ人民飢えて死ねギョメイギョジ」と書いたプラカードが掲げた者が現れた。戦前では考えられないことが起きた。当然掲げた松島松太郎なる人物は不敬罪に問われたが、何と大赦で不敬罪が取り消されてしまったのである。それどころか一九四七年には不敬罪自体が廃止された。国民の怒りの凄まじさがわかる。国家は一旦それに対するコントロール能力を失ったのである。

そして国家がその能力を失えば、占領軍（ＧＨＱ）が前面に出た。一九四七年二月一日、日本共産党の影響下にあった官公庁労働組合（全官公庁労組拡大共同闘争委員会）が、大幅賃上げと、吉田茂内閣打倒を目指して、ゼネラルストライキ（二・一ストライキ）を予定していたが、それは連合国軍最高司令官マッカーサーの指令で中止させられた。そしてそれを境に、それまでどちらかと言えば、日本の民主化を推進するために、労働運動等の社会運動を育成・助長してきた占領軍が、むしろ抑圧する側に回った。逆コースの始まりであった。

とりわけ、一九四八年末に出した経済安定九原則に基づき、悪性インフレを退治（一ドル＝三六〇円の為替レートを設定）し、日本経済を復興軌道に乗せるために、デトロイト銀行頭取ジョセフ・ドッジを経済顧問に迎え、極端な財政・金融引き締め政策（ドッジ・ライン）がとられるようになると、ＧＨＱと日本政府は、人員削減に反発する労働組合との全面対決に入った。下山事件（国鉄総裁下山定則が出勤途中に失踪し、常磐線北千住駅—綾瀬駅間で轢断死体として発見された事件）や三鷹事件（中央線三鷹駅構内で起きた無人列車暴走事件）や松川事件（東北線松川駅—金谷川駅間で起きた列車脱線転覆事件）といった、今も謎とされる国鉄がらみの事件——見方によっては「謀略事件」——が相次いで起きたのも、その対立の中でのことであった。対立は助長され、弾圧は強化された。そして一九五〇年五月、マッカーサーの指令で、多くの共産党員が公職を追放され、機関紙「アカハタ」が停刊処分になった。新聞社のような公益性の高い民間企業からも共産党員が排除されていった。レッドパージである。

　戦後の日本において、労働運動をはじめとする様々な社会運動における、共産党の影響は圧倒的であった。戦前期、唯一戦争に反対し、治安維持法違反に問われたその幹部が、最長一八年の獄中生活に耐えた政党としての精神的威信が、それを支えた。その共産党が事実上、非合法化されたのである。戦後労働運動史・社会運動史は一つの転換期を迎えた。朝鮮戦争（一九五〇年六月〜一九五三年七月）が勃発し、やがて日本が戦争特需で潤う一月前のことであった。

　ただ、では共産党と、その影響下にあった労働組合が弱体化すると、澎湃として沸き起こった国民の怒りはおさまるのかというと、それはそうはいかなかった。一九六〇年の日米安全保障条約改正反対運動の異様な高揚まで、それがおさまることはなかった。そして共産党が退場した分は、戦前の社会大衆党の流れを汲む、日本社会党が埋めた。

　そして戦前日本にはなかった政党対立・思想対立の構造が、徐々に姿を現し始めた。戦前日本にあった政党対立は、立憲政友会と立憲民政党の対立であった。どちらも、自由民権運動以来の伝統を引く、保守的政党であった。しかしその保守二大政党に政党対立を収斂させようとする試みは、早々と挫折した。社会主義政党の存在が無視できなくなってきたからである。非合法化される前は、共産党も衆議院に議席を占めていた。そして一九五五年の、左派社会党と右派社会党の合同、自由党と日本民主党の合同（保守合同）を経て、二大政党対立は、自由民主党と日本社会党の対立へと収斂していったのである。

　そしてそうした中で特筆すべきは、日本社会党が、憲法前文と九条を拠り所に、非武装中立論を唱えたことであった。独立（サンフランシスコ講和条約）すれば武装するのは当たり前と思っていた人たちにとっ

図 12、国会を取り囲んだ安保闘争のデモ隊（1960 年 6 月 18 日）

ては驚きであった。

しかし考えてみれば、それほどまでに戦争の傷跡は深かったということである。開戦の決断をしなければ起こったであろう「今次の戦争に数倍する悲惨事」に比べれば、三百万人の犠牲は軽微と捉える支配層に対する根本的な不信が、国民の側にはあった。その不信が日本社会党を、社会党も思わなかった形での非武装中立論にかりたてたのである。

当然自由民主党の側からすれば、そうした政策を掲げる政党との間で、政権交代可能な二大政党制を築いていくのは不可能に思えた。安全保障政策上のコンセンサスのない二大政党政制など成り立たないと思ったからである。

しかしそれを可能と見て、自社二大政党制の確立に邁進した人々がいた。保守合同を推進した三木武吉であり、それを支えた中曽根康弘であり、アメリカＣＩＡのエージェントであり、読売新聞グループを率いた正力松太郎であった[198]。

原子力の平和利用という名の、潜在的核武装に踏み込めばいいと考えたのである。そうすれば表面上の「武装独立」か「非武装中立」かといった争いは事実上意味を失う。ならば社会党の非武装中立論があっても、二大政党制の実現は可能だと考えたのである。

時あたかも、一九五三年一二月八日の国際連合総会における、アメリカ大統領アイゼンハワーの「平和のための核（Atoms for Peace）」演説を皮切りに、核の平和利用への関心が世界的に高まりを見せている時だった。日本においても、中曽根や正力のイニシアティブで行われた、一九五四年三月二日（ビキニ環礁水爆実験・第五福竜丸事件の翌日）の、原子力予算二億三五〇〇万円の衆議院への緊急上程以来、核の平和利用への関心は、「核」という言葉を「原子力」という言葉に置き換えて、高まりつつあった。しかもあたかも良きことかのように、受け止められて。

この時期を逃すべきでないと中曽根らは考え、自民党も社会党も、それに暗黙の「合意」を与えた。かくて、敗戦から一〇年、表面上非妥協的に激しく争う二大政党——しかも一方は絶対に権力を奪取しないことを前提にした——が、裏では固く手を結ぶという、実にグロテスクな戦後政党政治がこの国に定着したのである。

そしてそれから四〇年後、自社連立政権の村山富市総理大臣によって、社会党の非武装中立論は、ようやく放棄された。癒しの時代が終わり、自社二大政党制の時代も終わった。だがその異様な二大政党制実現のつけは、二〇一一年三月一一日の福島第一原子力発電所の事故となってこの国を襲った。

むすびに

私は冒頭、津田左右吉の記紀批判が、記紀批判としては如何に成り立たないものであるかを明らかにした。そして記紀は、八世紀支配層の政治的作文だと言いながら、「国生み」といえば、八世紀支配層にとっては最大の関心事であったはずの、首都と五畿七道（インフラ）の整備による統一国家の形成ということを、「国生み」の中に含ませていなかったところに、過誤の原因があると述べた。

ただ、そこまで言うのなら、私としても、答えておかなくてはならないことがある。それは、それにも拘らずなぜ津田史学は百年以上にもわたってこの国の人々の古代観を支配できてきたのかとの問いに対してである。

津田には明瞭なイデオロギーがあり、そのイデオロギーに、実は多くの人が共感したからであった。そのイデオロギーとは、私が小日本主義と名づけるイデオロギーである。中国文化と日本文化は、一見似ているように見えて、実は全く異なる文化である。だから日本は、中国のことにあまり深く関わらない方がいい。中国大陸への進出は避けるべきであるとする考え方である。

日露戦争後、勢いに乗って満州への進出を唱える論者たちに対して、津田の師白鳥庫吉が、次のように反論した考え方である。

今日我が国で名望も学識もあると信ぜられて居る人達の中には、此戦勝を機会として是非遼河及び黒龍江の両流域を我に合せて、大に覇権を東亜の天地に振はねばならぬと主張するものがあるやに覚えて居るが、此等の論者は未だ我が国の実力を弁へず又東洋の形勢に通ぜぬ者と謂はぬければならぬ。そもく我が国が亜細亜州諸国の中に於いて独り強勢となり得たのは、大陸の波濤に触れず其の争乱の渦中に捲き込れず、常に其の東端に傍観して独立自由の行動を執り来つたのに原因するのである。然るに今権に或る論者の唱ふる如くに、我が国が彼の二流域の君主となるときには、我は大陸に常に成立つて居る二大勢力に対して之を守らねばならぬ。これ第一に我が国の如く貧乏国の能く堪へる所でない。若くはこれに一時は堪へ得るとしても之に依て我が国は絶えず大陸の波瀾に触れて、其より受くる不利益は彼の二流域を得たる利益を以つては償ひ能はぬものである。余輩の考へる所によれば、我が国が未来永遠に執るべき対外の大方針は、亜細亜大陸に古から成立つ二元的形勢を維持せしむると同時に、我が国を大陸の二大勢力と直接に土壌を接することのないやうにせねばならぬことである。[199]

大正デモクラシー期、『東洋経済新報』に依って植民地放棄論を唱えた石橋湛山らが唱えた考え方でもあった。津田自身も戦後、『歴史学と歴史教育』に、戦前に書いた『シナ思想と日本』を収録する際に付した序文の中で、その主張を次のように要約している。

（私の）考は、日本の文化は、日本の民族生活の独自なる歴史的展開によって、独自に形づくられたものであり、従つてシナの文明とは全くちがつたものである、といふこと、日本とシナとは、別々の歴史をもち別々の文化なり文明なりをもつてゐる、別々の世界であつて、この二つを含むものとしての、一つの東洋といふ世界は成りたつてゐず、一つの東洋文化東洋文明といふものは無い、といふこと、日本は、過去においては、文化財としてシナの文物を多くとり入れたけれども、決してシナの文明の世界につゝみこまれたのではない、といふこと、シナからとり入れた文物が日本の文化の発達に大なるはたらきをしたことは明かであるが、一面ではまた、それを妨げそれをゆがめる力ともなつた、といふこと、それにもかゝはらず、日本人は日本人としての独自の生活を発展させ、独自の文化を創造して来た、といふこと、日本の過去の知識人の知識としては、シナ思想が重んぜられたけれども、それは日本人の実生活とははるかにかけはなれたものであり、直接には実生活の上にはたらいてゐない、といふことである。[200]

白鳥の主張ほどの政治的響きはないが、やはり中国文化と日本文化は無縁だと言っているのである。ただこの主張を直接行うのは困難であった。なぜならば、中国文化と日本文化の間に強い親和性があるのは、ある意味で自明だからであった。第一、日本人は漢字を使っている。そこで白鳥も津田も歴史を語ったのである。

まず白鳥の方から見ておくと、一九一〇年に「倭女王卑弥呼考」を発表して、邪馬台国九州説を唱えた。『魏志倭人伝』が「女王国より以北、その戸数・道里は得て略載すべきも、その余の旁国は遠絶にして得て詳かにすべからず」と述べていることを頼りに、三世紀の日本には、中国王朝（魏）との関係の深かった「女王国より以北」——実は「以西」——の国々と、その関係がほとんどなかった「その余の旁国」の、二通りの国家群が存在した。そしてそのちょうど境目に邪馬台国はあったとした。だとすれば、もし邪馬台国が九州にあれば、日本列島の大半は「その余の旁国」に属し、少なくとも三世紀までは、中国王朝の影響下になかったことになる。だから彼は九州説に立ったのである。それを中国文化・日本文化無関係説の根拠にしようとしたのである。

未だに邪馬台国九州説が盛んに言われているということは、今なお中国文化・日本文化無関係説を言いたい人が多いことのように私には思える。

では津田は何を語ったのか。四方海にかこまれた列島社会の交通上の孤立、未開性を語った。未開だから既に文明段階に入っていた中国の文化が流入してきても、それを理解することができず、結局は受け入れずじまいに終わってしまったとした。一見中国文化に覆い尽くされたかのように見える、中央の貴族社会でさえ、所詮は猿真似をしていただけで、中国文化の真髄を理解してそれを受け入れていたわけではなかった。その典型が『古事記』『日本書紀』であった。中国では歴史というものが書かれるということを知って、歴史の何たるかも理解せず、ただ中国の歴史書を写して書いた、潤飾だらけの歴史書に過ぎなかった。だから記述の一切に、信用がおけないのである。

日本文化は、中国文化の影響を受けて育ったのではなく、草深い地方（田舎）で徐々に、じっくりと時間をかけて育った。信州の片田舎に小林一茶が登場した時、ようやく文明の曙を迎えた。だから中国文化と日本文化は根本的に違う。津田はこう語った。

いずれにしろ、白鳥にしろ、津田にしろ、小日本主義を語るために、歴史を語ったのである。だから津田は、東京帝国大学に東洋政治思想史講座が開設されることを記念して開かれた特別講義の場において、蓑田胸喜（国体明徴運動のときも美濃部達吉批判の急先鋒を務めた右翼思想家）率いる原理日本社の影響下にあった学生たちから「先生の講義では……儒教と日本文化とのつながりを全面的に否定し、日本とシナを通ずる『東洋文化』なるものは存在せずと断言される。いまや聖戦を通じて、多年アジアを毒して来た欧米自由主義、『デモクラ思想』や共産主義の迷夢からシナを目覚めさせ、日華提携して東洋の文化と伝統を回復すべき東亜新秩序創造のたたかいにわれわれ同胞が日々血を流している時に、先生のかかる論旨はこの聖戦の文化的意義を根本的に否認するものではないか[201]」との激しい詰問を受けることになった。詰問の仕方の無礼さは別として、的を射た批判であった。かかる大アジア主義的観点からの批判に晒され続けたのである。そして一九四〇年には、出版法違反に問われた。時あたかも東亜共栄圏の樹立が取り沙汰されている時であった。

しかし敗戦は、時代の空気を一変させた。小日本主義全盛の時代がやってきたのである。一九五六年には、病気のために短命に終わったが、小日本主義者石橋湛山が内閣を組織した。必然的に津田は学界の主流に躍り出た。出版法違反事件の時は背を向けた多くの人が、掌を返したかのように津田を持ち上げた。ならば、小日本主義を言わんがために作り上げられた津田史学の方も大方の支持を得た。不動の定説の地位を獲得したのである。もう一度引用するが、今や次のように考えるのが古代史の常識になったのである。

記紀の記述中、神代から仲哀天皇の部分にいたるまでは、天皇の系譜をもふくめて、歴史的事実の記録と見るべき部分は全然なく、日本の民族または国家の起源についての客観的事実を知るための陳述史料として記紀は全然史料価値をもっていないこと、応神天皇以降の部分には、時代が下るにつれ、次第に史実の記録から出たものが多くなるが、それでも天武・持統紀三巻を除けば、史実でない記事、特に机上で造作されたもののすこぶる多いこと等を明らかにしたことである。

逆にこう考えない人は、その学問的地位を失った。これが先に自問した、ではなぜ津田史学は、百年以上にもわたって、この国の人々の古代観を支配できてきたのかとの問いに対する私の答えである。

確かに優れた学問は時代のイデオロギーを映す。というよりも先取りする。しかしだからこそ強引であり、平気で事実を捻じ曲げる。しかも支配イデオロギーとして人々の頭を占領しているから、それが事実を捻じ曲げているとは、誰も思わない。むしろ大量のフォロアーが生まれ、その学問により沿う形で大量の論文が生産される。学問も所詮は多数決であるから、いつの間にかそれが唯一の真実であるかのように信じられてしまう。津田史学というのは、そうして生まれた学問だった。

だから津田がそれを捨てよと言えば、誰もが『古事記』『日本書紀』を捨てた。現代版焚書坑儒が行われたのである。実証主義者を標榜する人たちがそれを行った。

しかしそれは仕方のないことであった。何時の時代も優れた学問とはそのようなものとして生まれるからである。たとえば本居宣長は、『古事記』を、古代の有様を、何の粉飾もせず、ありのままに書き記した書、『日本書紀』を、それとは異なり、唐風に粉飾（潤飾）を凝らした潤飾だらけの書としたが、読んでみればわかるが、そんなことはない。『古事記』の方がはるかに物語性を重視して書かれている。記録というよりは、読み物として書かれている。作為性の強い歴史書である。しかし『古事記』を、中国の『六経』同様の、「古の輿論」を映した古典にしなくてはならなかった宣長は、そうしたのである。そのくせ平気で『古事記』を解釈するのに『日本書紀』を参考にしているが、それは気にならなかったようである。そしてその影響力は津田などよりもはるかに大きかった。明治維新に結実するイデオロギーの作り手だったから当然である。未だに多くの文学者たちが『古事記』信仰から離れられずにいる。

もう一度くり返すが、優れた歴史学とは、そのようなものとして生まれるのである。だからそれを批判するのに、事実認識の間違いをいくらあげつらってみても、それは批判にならない。やはりそれを支えているイデオロギーを批判しなくてはならない。津田史学の場合であればその小日本主義を批判しなくてはならないのである。

さてそこで、なぜ白鳥や津田の小日本主義が、敗戦後、日本の支配的イデオロギーになったのかを、改めて問うてみることにしよう。当然、日本が負けて、海外領土の全てを失い、日本列島規模の国家に萎縮することを余儀なくされたからというのが、第一の理由であるが、それだけではない。「大国」としての自負を喪失したからでもあった。「大日本」と呼ぶより「小日本」と呼ぶ方が相応しい国になったからであった。

「大国」と「小国」を分つのは、何事につけ自己決定能力を持つか、持たないか、である。明治期であればその自己決定能力を持つ国を「列強」と呼んだ。そして戦前の日本は、曲がりなりにもそれを持っていた。国家主権を一身に体現する存在としての天皇がいたからである。「自分の意思に反して他の如何なる意思に依つても支配せられない」主権が、一人の人間の意思に宿っていれば、何が自らの意思で、何が他から強要された意思かの区別は明瞭である。それが明瞭な時に、自己決定を放棄する国はない。

しかし戦後の日本には、国家主権はあっても、それを一身に体現する主権者が、実はいない。自らの任命した内閣総理大臣の率いる内閣の「助言と承認」がなければ「憲法に定める国事に関する行為」さえ行えない天皇を主権者というわけにもいかないし、といってその天皇に任命されて初めてその地位を得る内閣総理大臣を主権者というわけにもいかない。戦後の日本には「主権の存する日本国民」も存在し、国家主権も存在するが、その主権を一身で体現する主権者がいないのである。加えて次のような憲法条文が編まれていた。

第九八条　この憲法は、国の最高法規であつて、その条規に反する法律、命令、詔勅及び国務に関するその他の行為の全部又は一部は、その効力を有しない。

②　日本国が締結した条約及び確立された国際法規は、これを誠実に遵守することを必要とする。

国家意思の最終決定者がいない状態で、自らの意思と、他から強要された意思の区別が曖昧になり易い構造を抱えたのである。そしてそれをいいことに、戦後の日本は、アメリカという「大国」に自らの国家意思の形成を委ねる「小国」へと転落した。

というよりもそのことが惹き起こす矛盾を避けるために、「小国」への転落を合理化すべく、あえて主権者を喪失した。アメリカもそれを求めたが、日本もそれを選択した。見てきたように、美濃部達吉が提唱した主権の自己制限論が、その喪失の契機となった。主権に外から加えられる制限も、主権が自己制限として受け入れれば、それは「自分の意思に反して他の如何なる意思に依つても支配せられない」という主権の絶対性と矛盾しないというのが、美濃部憲法学の核心であったが、それはどこまでも形式論であって、所詮は主権を、外から加えられる制限の受動的関数に作り替える論理にすぎなかった。だから美濃部にとって主権は国家という抽象的存在に宿り、人に宿らなかったのである。事実上主権者を不要にする論理であった。だから美濃部は主権について次のように語り、それを「何等の積極的の内容を有せず、純然たる消極的の観念」としたのである。

最高又は独立とは、自分以上に如何なる権力も存せず、自分の意思に反して他の如何なる意思に依つても支配せられないことを意味するのであつて、何等の積極的の内容を有せず、純然たる消極的の観念である。Supreme, independent, höchst, unabhängig などの語が之に相当する。一は人を支配することであり、一は他から支配せられないことである。

日本にはこの美濃部憲法学があった。日本国憲法体制をつくりあげるにあたり、主権者の喪失は既に織り込み済みであった。だから、マッカーサーから示された象徴天皇制案に対して、日本側の憲法問題調査委員会の委員長松本烝治も、多少の逡巡は示したものの、たちまち「米国案は主義として日本案と大差無し」と「賛同」[202]の意を示すことができたのである。となると障害はなかった。日米支配層は緊密な提携のもと、「主権者」とか「統治権の総攬者」といった言葉で表現されていたものを「象徴」という言葉に置き換え、主権者を喪失させていった。そして後の日米安全保障体制構築の布石を打ったのである。

しかし考えてみれば、荻生徂徠や本居宣長以来積み重ねられてきたこの国の政治的思索の数々は、「主権の存する日本国民」の存在を前提に、如何にすれば主権者と呼ぶに相応しい、絶対性を帯びた存在を生み出すことができるか、そのための模索の積み重ねであった。そしてその積み重ねの結果が「大日本帝国ハ万世一系ノ天皇之ヲ統治ス」(大日本帝国憲法第一条)であった。その全ての模索を無化することなしに、その喪失はなかった。

そこで戦後日本は、劇的にその歴史観を変える必要に迫られた。

まずは、天皇という主権者を生み出すために積み重ねられてきた思索の数々(天皇制論)を、悉く封建的・非科学的歴史観として葬り去った。そして全てが天皇制批判に流れ込んでいった。それに大きな貢献をしたのが、丸山眞男であり講座派マルクス主義であった。丸山眞男による、天皇主権の構造が無責任の体系に過ぎなかったことの暴露(「超国家主義の論理と心理」)は、衝撃を以て受け止められ、この国の歴史観を一新した。近代日本を、この国の長い歴史の帰結として肯定的に捉えようとする試みも消滅した。

さらには「小国」としての生き方を肯じる歴史観が求められた。故に、日本の帝国主義的膨張を支えてきた大日本主義の片隅にあって、常にそれに異を唱え続けてきた小日本主義が、にわかに脚光を浴びることとなった。そして津田史学がたちまち日本歴史学界の中心に躍り出たのである。

ということは白鳥や津田の小日本主義が、敗戦後支配的イデオロギーの地位を占めたのは、単に、負けて日本が海外領土を失ったからだけではなかった。主権者なき「小国」日本の生き様に、それがシンクロしたからであった。

ではこの国は未来永劫、主権者なき「小国」であり続けるのか。どうもそうはなりそうもないというのが、今の段階での私の観測である。

まず何よりも、主権者の喪失は、それを正当化すべく天皇制批判を繰り返してきた人たちの予想通りの結果を生まなかったからである。

主権者の喪失を肯定した人たちは、勢い、民主主義を、「主権の存する日本国民」から主権者という絶対性を帯びた存在を導き出すための方途とは捉えずに、個々人の「自我」の形成の問題と捉えた。そして一人一人の人間に近代的「自我」が形成されると、人は自ずから平和で安定した市民社会の形成者になると考えた。「自我」の形成を抑圧している天皇制の残滓さえ取り除けば、全てが良き方向に進み、理想的な市民社会が立ち上がると考えたのである。どこかしら、君側の奸を取り除き、天皇親政を実現しさえすれば、一挙に国家改造が進むと考えた、二・二六事件の時の青年将校たちの発想と似ている。

しかし実際はそうはならなかった。主権者を生み、支えるということの重圧から解放された人々は、どこまでも自由になり、たちまち野放図の領域に足を踏み入れていったからである。「昭和元禄」とか、「バブル」とか、それを形容する言葉に我々は事欠かない。さらには、エリートたちは、相変わらず、人の自由・平等を抑圧している天皇制の残滓を取り除こうとして、どんどんと過激化していった。

そして一九八〇年代になると、再びこの国に、天皇制の存在を歴史の必然と捉える考え方が蘇った。主権者なき「小国」の超克に向けての知的営みは実は始まっていたのである。

「網野史学」の誕生であった。網野が言ったことは二つ。一つは、人の本質をその無縁性にあるということ、すなわち人は砂のような存在であるということ。そしてもう一つは、にもかかわらず人には本来的な共同性が備わっており、それこそが天皇支配の根底をなしているということ、であった。主権者天皇の存在をこの社会の必然と捉えたのである（『無縁・公界・楽』）。当然歴史学界は激しく反発した。そして社会史家としての一面を残して、網野の影響を抹殺した。

しかしこの一旦網野が灯した火が消えることはないと、私は思う。それは自己決定能力なき国として今後とも生きていくことに、多くの国民が不安を抱き始めているからである。トランプ現象や、ロシアのウクライナ侵攻といった、非常に歪な形でではあるが、世界中が再び国家主権を強化する方向に動いていることは、誰しもが感じている。その感じていることへの明瞭な解を人々は求めているからである。

ただ我々が忘れてはならないのは、かつて自己決定能力を持った「大国」であった日本は、その決定＝国策を誤り、世界と日本を不幸のどん底に突き落とした経験があるということである。その一九四五年八月の失敗は繰り返してはならない。ではこの国は、これからどのようにして主権者を持つ自己決定能力のある国になっていくのか。共和制の選択も含めた幅の広い検討が必要である。少なくとも大日本帝国憲法体制にそのまま戻ることはできない。主権問題をおざなりにした、憲法を変えることだけを目的にした流行の改憲論ではない、憲法論争が求められる。

〈注記〉

1、家永三郎『津田左右吉の思想史的研究』(岩波書店、一九九五年)二七六頁。
2、カール・ポランニー『人間の経済I—市場社会の虚構性』(岩波現代選書、一九八〇年)二六頁。
3、ブロニスワフ・マリノフスキー『西太平洋の遠洋航海者』(講談社学術文庫、二〇一〇年)。
4、津田左右吉『古事記及び日本書紀の新研究』(『津田左右吉全集』別巻第一、岩波書店、一九六六年)一九三頁。
5、同前、一九七頁。
6、同前、一九七頁。
7、津田左右吉『神代史の新しい研究』(『津田左右吉全集』別巻第一、岩波書店、一九六六年)四一〜四二頁。
8、同前、三四〜三五頁。
9、同前、六〇頁。
10、同前、六〇頁。
11、同前、六四頁。
12、神野志隆光『古事記と日本書紀—「天皇神話」の歴史』(講談社現代新書、一九九九年)五六頁。
13、津田左右吉『神代史の新しい研究』四一〜四二頁。
14、同前、三五頁。
15、同前、三七頁。
16、同前、三八頁。
17、同前、三八頁。

18、同前、三八～三九頁。
19、同前、三九頁。
20、同前、三九頁。
21、同前、四〇頁。
22、同前、四〇頁。
23、『古事記』上巻（倉野憲司校注『古事記』岩波文庫、一九六三年。本書では二〇〇七年改版後の二〇一〇年発行第七九刷版を使用）一九～二〇頁。
24、津田左右吉『神代史の新しい研究』三〇頁。
25、同前、三〇頁。
26、同前、二五頁。
27、同前、三五頁。
28、『日本書紀』神代上第四段本文（坂本太郎・家永三郎・井上光貞・大野晋校注『日本書紀（一）』岩波文庫、一九九四年）二四頁。
29、同前、神代上第五段本文（『日本書紀（一）』）三四～三六頁。
30、津田左右吉『神代史の新しい研究』三六頁。
31、同前、三七頁。
32、東四柳史明「泰澄と白山開山伝承」（勝山市編『白山平泉寺』吉川弘文館、二〇一七年）。
33、『泰澄和尚伝』（『福井県史』資料編1、一九八七年）三三三～三三四頁。
34、本郷真紹「泰澄と白山信仰」（『福井県文書館研究紀要』第四号、二〇〇七年三月）。

35、宝珍伸一郎「白山信仰研究の現状」（勝山市編『白山平泉寺』吉川弘文館、二〇一七年）。
36、『日本書紀』崇神一〇年七月己酉条（『日本書紀（一）』）二八六頁。
37、『日本書紀』崇神六二年七月丙辰条（『日本書紀（一）』）三〇二頁。
38、『古事記』上巻、三〇頁。
39、『日本書紀』神代上第五段第十書（『日本書紀（一）』）五六頁。
40、同前。
41、『日本書紀』、神代上第七段本文（『日本書紀（一）』）七六頁。
42、『古事記』上巻、四一頁。
43、同前、上巻、三四頁。
44、同前、上巻、五三頁。
45、『日本書紀』神武即位前紀甲寅年条（『日本書紀（一）』）二〇〇頁。
46、広瀬和雄・小路田泰直編『弥生時代千年の問い：古代観の大転換』（ゆまに書房、二〇〇三年）。
47、北條芳隆『古墳の方位と太陽』（同成社、二〇一七年）。
48、『日本書紀』神武即位前紀甲寅年条（『日本書紀（一）』）二〇〇頁。
49、『日本書紀』神武即位前紀戊午年一二月丙申条（『日本書紀（一）』）二三四頁。
50、『日本書紀』神武即位前紀甲寅年条（『日本書紀（一）』）二〇〇頁
51、『日本書紀』神武即位前紀己未年三月丁卯条（『日本書紀（一）』）二三八頁。
52、『日本書紀』崇神一二年三月丁亥条、九月己丑条（『日本書紀（一）』）二九四〜二九六頁。
53、『日本書紀』崇神六二年七月丙辰条（『日本書紀（一）』）三〇二頁。

54、旧約聖書翻訳委員会訳『旧約聖書』Ⅰ（岩波書店、二〇〇四年）六頁。
55、同前、一〇頁。
56、同前、一〇頁。
57、同前、一一頁。
58、同前、一四頁。
59、同前、二〇頁。
60、同前、三二頁。
61、下條信行編『弥生農村の誕生』（講談社、一九八九年）。
62、旧約聖書翻訳委員会訳『旧約聖書』Ⅰ一〇七頁。
63、『日本書紀』崇神一〇年九月条（『日本書紀（一）』）二九二頁。
64、同前。
65、『日本書紀』神功摂政元年二月条（坂本太郎・家永三郎・井上光貞・大野晋校注『日本書紀（二）』岩波文庫、一九九四年）一六〇頁。
66、『八幡愚童記』上（『日本思想大系』二〇、岩波書店、一九七五年）一七〇頁。
67、『日本書紀』顕宗三年二月丁巳朔条（坂本太郎・家永三郎・井上光貞・大野晋校注『日本書紀（三）』岩波文庫、一九九四年）一〇四ページ。
68、『日本書紀』顕宗即位前紀一二月条（『日本書紀（三）』）一一六頁。
69、旧約聖書翻訳委員会訳『旧約聖書』Ⅲ（岩波書店、二〇〇五年）四七六〜四七七頁。
70、同前、三三八頁。

71、同前、四二八頁。

72、『日本書紀』欽明六年九月条（『日本書紀（三）』）二八六頁。

73、『日本書紀』推古一二年四月戊辰条（坂本太郎・家永三郎・井上光貞・大野晋校注『日本書紀（四）』岩波文庫、一九九五年）一〇四頁。

74、『日本書紀』推古二一年一二月庚午朔条、辛未条（『日本書紀（四）』）一二六〜一二八頁。

75、新約聖書翻訳委員会訳『新約聖書』（岩波書店、二〇〇四年）三四〜三五頁。

76、『日本書紀』皇極二年一一月丙子朔条（『日本書紀（四）』）二一二頁。

77、『日本書紀』皇極四年六月戊申条（『日本書紀（四）』）二三〇頁。

78、『日本書紀』大化元年八月癸卯条（『日本書紀（四）』）二五〇頁。

79、『日本書紀』大化元年七月戊寅条（『日本書紀（四）』）二四四頁。

80、石原道博編訳『魏志倭人伝・後漢書東夷伝・宋書倭国伝・隋書倭国伝』（岩波文庫、一九五一年）四二〜四三頁。

81、吉田孝『律令国家と古代の社会』（岩波書店、一九八三年）。

82、田中嗣人『聖徳太子信仰の成立』（吉川弘文館、一九八三年）。

83、『続日本紀』天平一五年一〇月辛巳条（新日本古典文学大系一三『続日本紀 二』岩波書店、一九九〇年）四三一〜四三三頁。

84、最澄『顕戒論』（『日本思想大系』四、岩波書店、一九七四年）七三頁。

85、最澄『山家学生式』（『日本思想大系』四、岩波書店、一九七四年）一九四頁。

86、空海『秘蔵法鑰』（『弘法大師空海全集』第二巻、筑摩書房、一九八三年）四八〜四九頁。

87、同前、五〇頁。

88、同前、五九頁。
89、同前、六四頁。
90、源信『往生要集』巻上（『日本思想大系』六、岩波書店、一九七〇年）一〇頁。
91、法然『撰択本願念仏集』（岩波文庫、一九九七年）一〇頁。
92、西村さとみ『平安京の空間と文学』（吉川弘文館、二〇〇五年）・西村さとみ「条坊のうちそと」（舘野和己・小路田泰直編『古代日本の構造と原理』青木書店、二〇〇八年）。
93、北畠親房『神皇正統記』（岩波文庫、一九七五年）一二五〜一二六頁。
94、佐藤進一『日本の中世国家』（岩波書店、一九八三年）。
95、北畠親房『神皇正統記』一七七頁。
96、同前、一一四頁。
97、山下信一郎『日本古代の国家と給与制』（吉川弘文館、二〇一二年）。
98、北畠親房『神皇正統記』一七一頁。
99、『将門記』（『日本思想大系』八、岩波書店、一九七九年）二一三頁。
100、網野善彦『東と西の語る日本の歴史』（講談社学術文庫、一九九八年）。
101、『保元物語』（『新日本古典文学大系　保元物語　平治物語　承久記』岩波書店、一九九二年）。
102、慈円『愚管抄』（岩波文庫、一九四九年）二九五頁。
103、同前、一〇三頁。
104、同前、二九八頁。
105、同前、一六九頁。

106、『吾妻鏡』第一（『国史大系新訂増補普及版』吉川弘文館、一九七四年）四六六頁。
107、『徳川実記』第一篇（『国史大系新訂増補版』吉川弘文館、一九九八年）七四頁。
108、『吾妻鏡』第一、三三三〜三三四頁。
109、北畠親房『神皇正統記』一七八頁。
110、同前、一五六〜一五七頁。
111、同前、一五三頁。
112、「建武式目」（『日本思想大系』二一、岩波書店、一九七二年）一四九〜一五〇頁。
113、北畠親房『神皇正統記』一七二〜一七三頁。
114、佐藤進一『日本の歴史〈9〉南北朝の動乱』（中公文庫、二〇〇五年）。
115、今谷明『室町の王権—足利義満の王権簒奪計画』（中公新書、一九九〇年）。
116、マックス・ウェーバー著・世良晃志郎訳『都市の類型学』（創文社、一九六四年）一一八頁。
117、同前、一四四頁。
118、同前、二一三頁。
119、永井隆二「日本における「国民主権」の起源」（永井隆之・片岡耕平編『日本中世のNation—統合の契機とその構造』岩田書店、二〇〇七年）。
120、橋爪大三郎『権力』（岩波書店、二〇二三年）。
121、辻ミチ子『町組と小学校』（角川書店、一九七七年）。
122、朝尾直弘『将軍権力の創出』（岩波書店、一九九四年）。
123、秋山國三・中村研著『京都「町」の研究』（法政大学出版局、一九七五年）三〇三頁。

124、同前、三〇八~三〇九頁。
125、マックス・ウェーバー著・世良晃志郎訳『支配の諸類型』(創文社、一九七〇年)七〇頁。
126、山鹿素行『山鹿語類』(『日本思想大系』三二、岩波書店、一九七九年)二三六頁。
127、同前、二一七頁。
128、『羅山先生文集』(『日本思想大系』二八、岩波書店、一九七五年)二一八頁。
129、同前、一九一頁。
130、荻生徂徠『政談』(『日本思想大系』三六、岩波書店、一九七三年)三一三頁。
131、横井小楠『国是三論』(『日本思想大系』五五、岩波書店、一九七一年)四三九~四四〇頁。
132、荻生徂徠『政談』(『日本思想大系』三六、岩波書店、一九七三年)三六八頁。
133、荻生徂徠『弁名』(『日本思想大系』三六、岩波書店、一九七三年)四八~四九頁。
134、藤田幽谷『丁巳封事』(『日本思想大系』五三、岩波書店、一九七三年)二七頁。
135、荻生徂徠『弁道』(『日本思想大系』三六、岩波書店、一九七三年)一四頁。
136、同前、一〇頁。
137、同前、一〇~一一頁。
138、本居宣長『古事記伝』一之巻(『本居宣長全集』第九巻、筑摩書房、一九六八年)一五三頁。
139、同前、一二五頁。
140、本居宣長『直毘霊』(『本居宣長全集』第九巻、筑摩書房、一九六八年)五二頁。
141、同前、六頁。
142、ジャン・ジャック・ルソー著・桑原武夫・前川貞次郎訳『社会契約論』(岩波文庫、一九五四年)二八頁。

143、会沢安『新論』(『日本思想大系』五三、岩波書店、一九七三年) 五二頁。
144、藤田幽谷『正名論』(『日本思想大系』五三、岩波書店、一九七三年) 一一頁。
145、平田篤胤『霊の真柱』(『日本思想大系』五〇、岩波書店、一九七三年)。
146、安丸良夫『神々の明治維新—神仏分離と廃仏毀釈』(岩波新書、一九七九年)。
147、藤谷俊雄『「おかげまいり」と「ええじゃないか」』(岩波新書、一九六八年)・高橋美由紀『伊勢神道の成立と展開』(ぺりかん社、二〇一〇年)。
148、松平定信『宇下人言』(岩波文庫、一九四二年) 一六五〜一六六頁。
149、美濃部達吉『日本憲法の基本主義』(日本評論社、一九三四年) 二七頁。
150、「徳川斉昭十条五事建議書〔嘉永六年七月十日〕」(『日本思想大系』五六、岩波書店、一九七六年) 九頁。
151、同前、一九頁。
152、小風秀雅『世界史の中の近代日本』(山川出版社、二〇二三年)。
153、藪田貫『国訴と百姓一揆の研究』(校倉書房、一九九二年)。
154、藤田幽谷『正名論』(『日本思想大系』五三、岩波書店、一九七三年) 一三頁。
155、『昭和天皇独白録』寺崎英成御用掛日記 (文藝春秋、一九九一年) 一三頁。
156、穂積八束「法典及人格」〔一八九三年〕(上杉慎吉編『穂積八束博士論文集』一九一三年)
157、穂積八束「帝国憲法の法理」〔一八九九年〕(上杉慎吉編『穂積八束博士論文集』)。
158、「大隈重信奏議書」(日本史籍協会『大隈重信関係文書』四、東京大学出版会、一九三四年) 二三三頁。
159、福沢諭吉『国会論』(『福沢諭吉全集』第五巻、岩波書店、一九五九年) 八六頁。
160、同前、九二頁。

161、穂積八束『憲政大意』（日本評論社、一九三五年）一九二～一九三頁。
162、「党則改正理由書」（『自由党党報』第一号、立憲自由党、一八九一年一〇月）。
163、小路田泰直「「明治一四年の政変」と関西貿易社」（『日本史研究』二二九、一九八一年九月）。
164、岩倉公旧蹟保存会『岩倉公実記』（一九二七年）七一七～七一九頁。
165、八ヶ代美佳『孫文と北一輝―〈革命〉とは何か』敬文舎、二〇一七年）。
166、宮内省臨時帝室編纂局編『明治天皇紀』第八（吉川弘文館、二〇〇一年）四八一～四八二頁。
167、『昭和天皇独白録』一二三頁。
168、同前、一二三頁。
169、同前、七五～七六頁。
170、美濃部達吉『憲法撮要』（有斐閣、一九四六年）三～四頁。
171、美濃部達吉『憲法講話』（有斐閣、一九一二年）二二～二三頁。
172、美濃部達吉『日本憲法の基本主義』（日本評論社、一九三四年）二七頁。
173、同前、三一～三二頁。
174、美濃部達吉『時事憲法問題批判』（法律時報社、一九二一年）三三一頁。
175、同前、三二五頁。
176、穎原善徳「日本国憲法の最高法規性に対する疑問」（小路田泰直・奥村弘・小林啓治編『憲法と歴史学―憲法改正論争の始まりに際して』ゆまに書房、二〇〇四年）。
177、衆議院事務局『第九十回帝国議会、衆議院、帝国憲法改正委員会小委員会速記録』（衆栄会、一九九五年）二二八頁。

178、美濃部達吉『新憲法概論』（有斐閣、一九四七年）四七～四八頁。
179、宮沢俊義『天皇機関説事件』上・下（有斐閣、一九七〇年）。
180、加藤弘之『人権新説』（谷山楼蔵版、一八八二年）六四頁。
181、同前、六七～六八頁。
182、同前、六七頁。
183、同前、六八頁。
184、同前、八二頁。
185、穂積八束「有賀学士ノ批評ニ対シ聊カ主権ノ本体ヲ明カニス」（一八八九年）（上杉慎吉編『穂積八束博士論文集』）。
186、美濃部達吉『憲法と政党』（日本評論社、一九三四年）一一八頁。
187、石原莞爾『最終戦争論』（経済往来社、一九七二年）二七～二八頁。
188、加藤哲郎『日本の社会主義―原爆反対・原発推進の論』（岩波書店、二〇一五年）。
189、石原莞爾『最終戦争論』二六頁。
190、同前、四一頁。
191、同前、五四～五五頁。
192、『昭和天皇独白録』三一頁。
193、同前、一三六～一三七頁。
194、芦田均『芦田均日記』第一巻（岩波書店、一九八六年）七九頁。
195、仁科芳雄「原子力と平和」（『仁科芳雄遺稿集　原子力と私』学風書院、一九五一年）。

196、戸塚順子『「大東亜共栄圏」構想の研究―近代日本における自己認識と他者認識』（奈良女子大学博士論文、二〇〇七年）。
197、石原莞爾『最終戦争論』一四一～一四二頁。
198、有馬哲夫『原発・正力・ＣＩＡ―機密文書で読む昭和裏面史』（新潮新書、二〇〇八年）。
199、白鳥庫吉「満州の過去及び将来」〈一九〇五年一月〉（『白鳥庫吉全集』第八巻、岩波書店、一九七〇年）二一一～二一二頁。
200、津田左右吉『歴史学と歴史教育』（『津田左右吉全集』第二〇巻、岩波書店、一九八八年）一九五頁。
201、丸山眞男「ある日の津田博士と私」（『丸山眞男集』第九巻、岩波書店、一九九六年）一二四頁。
202、芦田均『芦田均日記』第一巻、七七頁。

小路田 泰直（こじた・やすなお）

奈良女子大学名誉教授。古き良き時代の日本史研究会近現代史部会で育つ。1954年神戸市生まれ。京都大学大学院文学研究科単位取得退学。橘女子大学と奈良女子大学で35年程教鞭をとる。著書多数（単著は以下）。

日本近代都市史研究序説（柏書房、1991年）/憲政の常道（青木書店、1995年）/日本史の思想（柏書房、1997年）/国民〈喪失〉の近代（吉川弘文館、1998年）/戦後的知と「私利私欲」―加藤典洋的問いをめぐって（柏書房、2001年）/「邪馬台国」と日本人（平凡社、2001年）/国家の語り方―歴史学からの憲法解釈（勁草書房、2006年）/奈良試論―火と鉄と都市の日本史（楽史社、2007年）/邪馬台国と「鉄の道」―日本の原形を探求する（洋泉社、2011年）/神々の革命―『古事記』を深層から読み直す（かもがわ出版、2012年）/卑弥呼と天皇制（洋泉社、2014年）/日本近代の起源―3.11の必然を求めて（敬文舎、2015年）/日本憲法史（かもがわ出版、2016年）/「疫病と日本史」―コロナ禍のなかから(奈良女子大学叢書、2020年）/日本史の政治哲学―講座:わたしたちの歴史総合第6巻（かもがわ出版、2023年）

日本通史――津田左右吉・丸山眞男・網野善彦の地平を超えて

2024年9月25日　第1刷発行

著　者　ⓒ小路田泰直
発行者　竹村正治
発行所　株式会社　かもがわ出版
〒602-8119　京都市上京区堀川通出水西入
TEL 075-432-2868 FAX 075-432-2869
振替　01010-5-12436
ホームページ　http://www.kamogawa.co.jp
印刷所　シナノ書籍印刷株式会社

ISBN978-4-7803-1337-6　C0021